企业跨境并购项目的投资动因与股权选择关系研究

赵毅／著

图书在版编目(CIP)数据

企业跨境并购项目的投资动因与股权选择关系研究 / 赵毅著. —上海：立信会计出版社，2024.5. —ISBN 978-7-5429-7678-9

Ⅰ．F279.247

中国国家版本馆 CIP 数据核字第 20246YQ390 号

策划编辑　　方士华
责任编辑　　方士华
美术编辑　　吴博闻

企业跨境并购项目的投资动因与股权选择关系研究

QIYE KUAJING BINGGOU XIANGMU DE TOUZI DONGYIN YU GUQUAN XUANZE GUANXI YANJIU

出版发行	立信会计出版社
地　　址	上海市中山西路 2230 号　　邮政编码　200235
电　　话	(021)64411389　　传　真　(021)64411325
网　　址	www.lixinaph.com　　电子邮箱　lixinaph2019@126.com
网上书店	http://lixin.jd.com　　http://lxkjcbs.tmall.com
经　　销	各地新华书店
印　　刷	江苏凤凰数码印务有限公司
开　　本	787 毫米×1092 毫米　1/16
印　　张	10.5
字　　数	182 千字
版　　次	2024 年 5 月第 1 版
印　　次	2024 年 5 月第 1 次
书　　号	ISBN 978-7-5429-7678-9/F
定　　价	58.00 元

如有印订差错，请与本社联系调换

前　言

本书写作缘由

　　2014年9月,我在南开大学商学院攻读博士学位时,接触到了企业跨境并购投资行为的一篇论文,并且对企业跨境并购投资产生了浓厚的兴趣。当时关于这一课题的研究开始逐渐增多,因为2008年世界经济危机之后,中国企业海外并购高歌猛进并逐渐成为全球最为活跃的对外直接投资群体。由于中国企业"走出去"的案例样本迅速增加,这一主题开始成为跨国经营领域的一个热门话题。南开大学戚安邦教授曾对我说,企业每一笔海外并购交易本质上都可以被视为一个独特性、一次性、复杂性的投资项目,可以从项目评估和跨国经营的角度来挖掘其特征。意识到从项目评估和管理的角度去解读企业跨境并购是有潜力、有价值的研究方向后,我当即决定把它作为主要研究方向之一。

　　事实证明,将项目评估和跨国经营相结合的跨学科研究大有可为。近年来,中国企业"走出去"并非一帆风顺,这一现象背后固然反映出中国企业国际化道路还存在着现实的东道国制度障碍。但不容忽视的是,作为海外并购交易的主体,企业自身也存在准备不足,特别是对海外投资项目的必要性研判不足的问题。一些企业甚至还存在跟风炫耀的非理性因素,表现出盲目的偏向等级制的独资控股选择误区。虽然过往研究普遍发现企业国际化行为的背后往往隐含着投资动机,相继出现了一些涉及企业跨境并购投资动因的案例研究,但关于如何合理地将投资动因进行识别和量化,企业海外投资动因又如何转化为投资效果,如何在异质性资源和制度环境的约束下影响股权选择,缺乏具体的路径研究。因此,本书的撰写缘于理论研究的深化和管理实践的需要。

　　2015年1月,我开始收集并整理中国企业海外并购投资项目的数据集,且已基于该主题陆续发表了一些学术论文。这样做的目的一方面是将自己的所学、所知记录下来,并以此作为自己的学术沉淀;另一方面是通过构建企业跨境并购投资动因对股权选择的理论模型,得到更加接近关于企业跨国投资项目决策的真实情境的研究结论。但是论文的内容并没有形成系统的知识框架。在导师戚安邦教授和山西财经大学会计学院院长吴秋生教授的鼓励和支持下,我才开始了本书的写作,希望有兴趣或从事企业跨境并购项目投资的读者能够从中获得所需的知识。

本书结构与特色

作为国内第一本系统阐述企业跨境并购项目的投资动因与股权选择关系研究的书籍,本书在分析视角、结构体系、理论框架、多学科知识整合、内容结构与逻辑关系设计等方面都具有独创性。

本书尝试对交易成本理论、制度理论以及资源基础观理论进行整合,形成"三支柱"理论架构。在此框架下,中国企业海外并购动因主要由资源基础观支撑,制度环境关键性因素主要由交易成本理论和制度理论支撑,企业异质性资源则主要由资源基础观和交易成本理论支撑。与用来解释中国企业海外并购动因的协同效应理论和市场势力理论的已有文献有所不同,本书主要从资源基础观角度出发解释中国跨国企业的海外并购动因的经济效果,丰富了现有的研究领域;此外,本书认为企业在进行海外并购时,会有股权选择的决策,在遵循交易成本理论的情况下,企业不但会从成本最低、效率最优的原则去考虑,而且还会参考制度理论所强调的制度环境差异。从整合的视角分析,本书可以弥补单一理论解释可能存在的缺陷,而且可以更加全面和科学地探索中国企业跨境并购项目的投资动因与股权选择的关系。

本书总共分为七章,各章之间的逻辑关系及其主要内容如下所示。

第一章是绪论。首先,主要介绍了本研究的现实与理论背景,逻辑性地引出本书所要探讨的主要问题,即"企业跨境并购项目的投资动因与股权选择关系研究";其次,阐述了本书的研究意义;再次,对本书中心问题所涉及的研究内容进行了概述,并介绍了在研究过程中所运用的研究方法;最后,介绍了本书的研究过程和全文的结构安排。

第二章是相关理论回顾及研究现状述评。首先,对本书涉及的海外并购股权选择和企业海外投资动因的基础理论进行了较为详细的论述;其次,对本书的核心概念进行了界定;再次,对上述关系的研究现状及已有研究成果进行了回顾、梳理和归纳并对其加以述评;最后,总体性地概述了本书研究可能突破的方向,以明确本研究的边际贡献。

第三章是理论模型与研究假设。本章主要利用第二章的理论基础,建立"三支柱"理论框架,重点剖析企业海外投资动因类型对股权选择的影响途径,并将企业内部异质性资源和外部制度环境因素引入框架,以此完成对本书理论模型的构建;进一步以理论模型为架构,通过系统性分析提出本书的研究假设。

第四章主要阐述了企业海外投资动因类型与股权选择的基本关系,论证了具有不同类型海外投资动因的中国上市企业存在特定的股权选择偏好。通过分析中国企业的海外市场开拓和战略资产寻求这两大主要的海外投资动因与股权选择策略之间的关系,本书强调了中国企业在进行海外投资时,一定要认识其交易事件背后的核心并购投资动因可能对股权选择行为带来的影响,要认清企业股权选择行为的背后必然需要有明确的战略动机,避免因企业海外并购的盲目性、不明确性带来的隐患。本书的研究结论为中国企业在"走出去"的同时也能"走得好"提供了理论指导与实践应用。

第五章主要阐述了异质性资源对企业海外投资动因与股权选择关系的影响,具体实证检验了两种重要的异质性资源——盈利能力和研发能力分别对企业海外投资动因与股权选择之间关系的调节作用。通过实证分析,得出研究结论,要克服跨国并购过程中的所有权劣势,中国企业需要加强自身资源基础建设,尤其是提高盈利能力。由此中国企业可以在很大程度上克服所有权劣势。盈利能力的提升可以相对增加中国企业在海外并购过程中的议价能力,使其利用盈利能力这一工具去优化企业海外并购的股权策略选择。此外,尽管企业研发投入在统计上不显著,但仍然存在一定的经济意义,特别是对于具有战略资产寻求导向动因的中国企业而言,技术、知识、研发团队等战略资源的获取仍然需要企业提高创新能力。

第六章主要阐述了制度环境对企业海外投资动因与股权选择关系的影响,包括经济制度距离对海外并购股权选择的影响,以及对企业海外投资动因与股权选择关系的调节作用;进一步将样本按制度环境差异进行分组,以此考察企业海外投资动因对股权选择的基本关系在不同产权背景、行业情境、投资区位差异下的分化表现。本章的研究勾勒了制度环境差异对企业选择股权方式的影响机理,从而完善了原有的逻辑架构。

第七章是研究结论与展望。首先,对本书的相关实证结论进行了归纳总结;其次,对本书的创新之处进行了阐述;再次,对研究成果给企业界带来的实践启示进行了阐述;最后,对本书中存在的不足进行了分析并对未来可能的研究方向进行了初步展望。

本书的理论基础与核心观点

本书涉及的理论包括但不限于：资源基础观、交易成本理论、制度理论、市场势力理论、效率理论以及管理学和经济学等学科的一些基本原理。

本书提出了以下独特的核心观点：

（1）中国企业跨境并购项目的投资动因对股权选择具有显著影响；具有不同类型海外投资动因的企业存在特定的股权选择偏好；相对于战略资产寻求动因的企业，具有市场开拓动因的企业倾向于获得较高的股权并购比例。

（2）具有不同类型海外投资动因的企业，若存在特定的股权选择偏好，则会受到企业内部资源的约束。

（3）与战略资产寻求动因的企业相比，具有海外市场开拓动因的企业在企业盈利能力不断提升时，其股权并购比例较高的行为会被显著削弱。

（4）作为能够反映企业资产专用性程度高低的研发能力，对企业海外投资动因与股权选择之间关系的调节效应并不显著。

（5）中国企业跨境并购的投资动因对股权选择的影响存在产权背景、行业情境、投资区位的差异。在其他条件相同时，相对于非国有企业，国有企业的海外投资动因对股权选择的影响较小；相对于非制造业行业的企业，中国制造行业的企业海外投资动因对股权选择的影响更为明显；与投资目的地为新兴市场国家相比，中国企业的海外并购项目的投资动因对股权选择的影响在发达国家市场中将表现得更为明显。

（6）中国与东道国之间在经济方面的制度环境差异越大，中国企业越倾向于选择全部股权收购方式的股权策略。

（7）随着中国与投资东道国经济制度距离的拉大，与战略资产寻求导向型动因的企业相比，具有海外市场开拓动因的企业，其股权并购比例较高的行为具有被强化的迹象，但并不显著。

赵　毅

2024 年 6 月

目 录

第一章 绪论 ········· 1
  第一节 研究背景 ········· 1
    一、现实背景 ········· 1
    二、理论背景 ········· 3
  第二节 研究问题与研究意义 ········· 4
    一、研究问题 ········· 4
    二、理论意义 ········· 5
    三、现实意义 ········· 6
  第三节 研究内容与研究方法 ········· 7
    一、研究内容 ········· 7
    二、研究方法 ········· 8
  第四节 研究过程与结构安排 ········· 10
    一、研究过程 ········· 10
    二、结构安排 ········· 11

第二章 相关理论回顾及研究现状述评 ········· 13
  第一节 跨国企业海外投资中的股权选择相关研究 ········· 13
    一、企业海外投资中的股权选择的理论基础 ········· 13
    二、企业海外投资中的股权选择的概念界定 ········· 17
    三、企业海外投资中的股权选择的影响因素研究评析 ········· 19
  第二节 跨国企业海外并购的投资动因相关研究 ········· 32
    一、企业海外并购的投资动因的理论基础 ········· 32
    二、企业海外并购的投资动因的概念界定 ········· 37
    三、企业海外并购的投资动因的经济效果研究评析 ········· 39
  第三节 企业海外投资动因对股权选择影响的相关研究 ········· 42
    一、国内外学者研究评析 ········· 42
    二、本书的研究可能突破的方向 ········· 44

第四节 本章小结 …… 45

第三章 理论模型与研究假设 …… 46
第一节 理论推导与模型构建 …… 46
一、企业海外投资动因类型对股权选择的作用机制 …… 46
二、企业异质性资源和制度环境在其中的约束作用机制 …… 47
三、理论模型构建 …… 48
第二节 研究假设推导 …… 48
一、企业海外投资动因类型对股权选择的影响效应 …… 50
二、异质性资源在企业海外投资动因与股权选择之间的影响 …… 52
三、制度环境在企业海外投资动因与股权选择之间的影响 …… 54
第三节 本章小结 …… 59

第四章 企业海外投资动因类型与股权选择的基本关系研究 …… 60
第一节 研究设计 …… 60
一、对被解释变量的设计 …… 60
二、对核心解释变量的设计 …… 61
三、对控制变量的设计 …… 63
四、样本选取和计量模型构建 …… 68
第二节 实证检验和结果分析 …… 71
一、描述性统计结果 …… 71
二、相关性统计分析 …… 75
三、回归结果分析 …… 78
第三节 稳健性检验 …… 79
第四节 本章小结 …… 81

第五章 异质性资源对企业海外投资动因与股权选择关系的影响 …… 83
第一节 研究设计 …… 83
一、企业异质性资源变量的设计 …… 83
二、变量定义汇总 …… 84
三、样本和数据 …… 86
四、模型设计 …… 86
第二节 实证检验和结果分析 …… 87
一、变量的描述性统计与相关性分析 …… 87

二、回归结果分析 …………………………………………… 89
第三节　稳健性检验与内生性检验 ……………………………… 93
　　一、稳健性检验 ……………………………………………… 93
　　二、内生性检验 ……………………………………………… 95
第四节　本章小结 ………………………………………………… 96

第六章　制度环境对企业海外投资动因与股权选择关系的影响 …… 98
第一节　研究设计 ………………………………………………… 98
　　一、制度环境变量的设计 …………………………………… 98
　　二、变量定义汇总 …………………………………………… 99
　　三、样本选取和数据来源 …………………………………… 101
　　四、模型设计 ………………………………………………… 101
第二节　实证检验和结果分析 …………………………………… 102
　　一、变量的描述性统计与相关性分析 ……………………… 102
　　二、经济制度距离在企业海外投资动因作用于股权选择中的影响 …… 105
　　三、产权背景的约束效应 …………………………………… 106
　　四、行业情境和区位选择差异的约束效应 ………………… 110
第三节　本章小结 ………………………………………………… 114

第七章　研究结论与展望 ………………………………………… 115
第一节　研究结论与研究创新 …………………………………… 115
　　一、研究结论 ………………………………………………… 115
　　二、本书创新之处 …………………………………………… 116
第二节　研究启示 ………………………………………………… 118
　　一、给企业管理层的启示 …………………………………… 118
　　二、给政府部门层面的启示 ………………………………… 119
第三节　研究不足与展望 ………………………………………… 119
　　一、不足之处 ………………………………………………… 119
　　二、未来可能的研究方向 …………………………………… 120

附录 ………………………………………………………………… 122

参考文献 …………………………………………………………… 146

第一章　绪　　论

我们已经见证了全球并购市场的快速扩张，无论是有海外并购经验的跨国企业，还是那些新进入国际市场的跨国企业，它们在国际化过程中首先需要面临的挑战是对海外目标企业的股权选择。中国企业如何合理地进行海外并购的股权策略选择已经成为当下企业界与学术界共同关注的焦点问题。本章作为研究的起点，首先，阐述了选题的现实背景和理论背景，提出了中国企业在跨境并购股权选择中值得关注和研究的问题，明确了本书的研究主题；其次，阐述了本书的理论意义和现实意义；再次，介绍了研究内容和使用的研究方法；最后，对研究过程和结构安排进行了简要介绍。

第一节　研究背景

作为研究起点，本节将介绍选题的现实背景和理论背景，以期逻辑性地引出本书的研究问题。

一、现实背景

近年来，中国企业已经成为全球最为活跃的对外直接投资群体。商务部等部门联合发布的《2019年度中国对外直接投资统计公报》显示，我国对外直接投资流量蝉联全球第二，存量保持全球第三。海外投资是中国与世界各国经济深度融合、实现互利共赢的桥梁。在中国政府积极推动对外投资便利化政策和发起"一带一路"高质量共建合作倡议的背景下，中国企业"走出去"的内生动力日益增强。在企业"走出去"的对外直接投资方式中，与绿地投资相比，海外并购已经是中国跨国企业逐渐兴起采用的主要方式。据商务部公开信息，在中国企业海外并购交易金额和数量均呈现大幅攀升的同时，中国企业海外并购的特征也在悄然发生着变化。例如，从投资地域来说，除了在传统投资热点地区的并购数量和金额保持快速增长,在"一带一路"沿线国家开展的跨境并购数量和金额也呈现出显著增长的态势;从投资领域来说,由原来产能过剩的能源、矿产、化工等领域转向互联网、信息技术、生物医药等新兴领域以及金融业和先进制造业;从投资标的来说,相比于发展中国家的自然资源,中国企业越发青睐发达经济体中的成熟资产;从投资主体来说,新兴产业中的民营企业快速崛起,对外投资热情高涨,正逐步成为海外收购的主力军。伴随中国企业海外并购结构的不断优化,跨境并购已经成为中国企业高水平参与国际分工合作的一种重要方式,在提升中国企业在全球价值链中的地位、服务国内经济转型升级方面,有着举足轻重的作用。

然而,作为世界第二大经济体以及新兴市场国家的典型代表,中国企业融入国际化并购浪潮的进程却并非一帆风顺。东道国较为严苛的制度审查乃至政治方面的高度警惕使中国企业海外并购交易的成功率偏低,这使企业即使"走出去"也可能在国际化的道路上走得并不顺利。这固然反映出中国企业国际化道路存在着现实的制度障碍,但不容忽视的是,企业作为海外并购交易的微观主体,其自身跨国经营战略乃至背后的投资动机会对海外投资决策产生潜在且重大的影响,从而又会影响到跨国企业的海外投资之路。从跨国企业海外并购投资动机来看,已有研究表明,具有不同类型海外并购动因的企业,其国际化经营特点往往也表现出较大的差异(Buckley等,2016;Zheng等,2016;Yu等,2015;王凤彬和杨阳,2013)。例如,具有海外市场开拓动因的企业会不断地扩张海外重要市场,提升海外销售份额,从而保持其在行业内的领先地位;而具有战略资产寻求动因的企业,则集中于对海外标的企业技术、品牌等创造性资产的获取和利用。不同类型的海外并购动因又会影响公司的财务活动,进而引起市场投资者对未来并购活动的不同预期,以及企业短期市场经营绩效的分化表现(Gubbi,2015;邵新建等,2012)。从企业海外并购的经营决策方面来看,决定企业能否走出去、走得好以及后续海外并购整合能否成功的关键财务活动之一是对海外目标企业的股权选择问题。洪联英等(2015)研究发现,由于中国企业海外并购过程中存在企业准备不足的问题,其表现出盲目的偏向等级制的独资控股选择误区。在境外并购投资项目中,企业的准备不足主要体现在对海外投资项目的目的性和必要性研判不足,甚至还有一些跟风炫耀的非理性因素驱动。这就引发了本人对现实的以下思考,企业的海外投资动因与股权选择之间是否可能存在一条影响路径,即企业跨境并购项目的投资动因是否会影响股权选择决策?从企业界来看,这一问题恰恰是当下海外并购实践活动的热点和难点,是实践界迫切需要寻求解答的问题,对该问题的回答无疑也就具有了重要的现实意义。

二、理论背景

如前所述,全球化已经成为当代经济发展的趋势,在这样的背景下,跨国企业间的海外并购活动也正在如火如荼地开展。对于跨国收购方而言,对目标方股权策略的选择是海外并购决策中首先需要面对和考虑的关键性问题。已有研究指出,在企业海外并购投资决策中,选择合适的股权水平是极其重要的,合理的股权选择可以使并购整合后的企业经济效益显著增加,而不恰当的股权选择可能会引起资源投入和风险之间的不匹配,进而伴随低效率的整合以及回报可能低于预期的后果(Contractor 等,2014;Gubbi,2015)。从目前的文献检索情况来看,学术界关注企业在海外投资过程中影响其股权选择的关键性因素。从关键性因素所映射的理论来看,交易成本理论和制度理论一直在该领域占据着主流统治地位。例如,以交易成本理论为视角,通常从机会主义和有限理性两个重要假设出发,去研究企业海外投资中的股权选择的关键性因素,这些重要影响因素一般包括资产专用性、企业对外部不确定性的感知程度、文化距离、东道国风险等(Delios 和 Beamish,1999;Makino 和 Neupert,2000;Brouthers,2002;Puck 等,2009;Chang 等,2012;Brouthers,2013);从制度理论来看,把制度视为社会的一种"博弈的规则"并且约束组织行为,以及企业如何获得组织内部和外部的合法性是该视角的基本逻辑,影响股权选择的关键性因素通常包括东道国的政治、经济和法律风险,制度环境压力(规制压力、规范压力、认知压力),文化距离,市场开放度,治理环境和商业环境等(Yiu 和 Makino,2002;Chan 和 Makino,2007;林季红和张璐,2013;洪联英等,2015)。此外,还有学者尝试用多元化的理论去探索企业层面的重要因素(Cui 和 Jiang,2012;Xie,2014)。笔者梳理了影响股权选择的关键性因素的相关文献后发现,已往研究偏重从交易成本理论或者制度理论出发,关注宏观层面的普遍因素以及共同规律,而对企业层面的影响因素关注并不充分。即使近期学者们从多元化的视角去尝试探讨微观层面的因素,也仅仅局限于企业层面的常见的重要特征,缺乏对微观企业主体深层因素的独特性挖掘。

实际上,企业在面对海外投资过程中的股权选择决策时,需要面对不同的制度环境乃至投资东道国市场环境的不确定性。正如上文的现实背景所述,中国企业海外并购的股权选择决策,不但涉及收购方对资源的投入、风险的承担、回报的要求,而且还涉及对组织机构的安排、对权利的分配以及对被并购方的股权控制的程度,这些也隐含了跨国企业的投资战略。企业层面的因素,特别是企业的战略意图和投资目的在海外并购的股权选择决策中很可能起到至关重要的作用。然而,从现有文献来看,对企业跨境并购项目的投资动因研究主要集中于探析不同动因的差异方面,由投资动因转化为投资效果的过程机制的探讨尚未得到足够重视。更为重要的是,国内学术界尚未在企业跨境并购项目的投资动因与股权选择决策之间建立联系,对两者之间可能存在的影响路径也缺乏探讨。因此,要填补现有研究存在的空白之处,就必须深入分析具体的影响机理,将理论构建和经验研究相结合,最终探索出企业海外投资动因这一微观主体的独特性因素对股权选择决策的影响路径,以期从更加全面、多元的角度构建中国跨国企业股权选择的理论架构,为中国企业提供更加接近现实情境的、科学可靠的海外投资决策依据。

第二节 研究问题与研究意义

有关现实背景和理论背景的介绍,逻辑性地引出了本书的研究问题,本节将对研究问题、研究的理论及其现实意义进行阐述。

一、研究问题

基于上述的现实背景和理论背景,我们可以知道中国企业海外并购项目的投资动因与股权选择之间的关系在学术界尚未引起重视。鉴于此,本书紧紧围绕"企业跨境并购项目的投资动因如何影响股权选择"这一中心问题,将其分解为以下三方面的问题。

问题一:企业的投资动因对初始股权选择是否会产生影响?不同类型的动因影响效果有何差异?作用机制是什么?针对企业海外子公司股权进入模式选择以及海外并购股权选择的影响因素的文献比较丰富,但从企业层面去挖掘独特性因素,例如从企业海外投资动因考虑的相关实证研究非常罕见。对该问题的研究有助于增强我们对中国企业跨境并购项目的投资动因的经济效果的理解。

问题二:在内部资源和外部制度环境的约束下,企业的海外投资动因又会对初始股权选择产生怎样的影响?这些约束效应又是如何发生的?这是对前述问题的扩展研究。如果中国企业的海外投资动因会对初始股权选择决策产生影响,不同类型的投资动因存在一定的股权选择偏好,那么这种基本逻辑是否在不同情境下依然成立?换言之,企业自身所拥有的异质性资源和能力(盈利能力和研发能力)又是否会对这一基本关系产生影响?另外,制度环境搭建了跨境并购交易的情境平台,那么中国企业所面临的不同制度环境又是否会从整体上对这一基本关系产生约束?对问题二进行的深入探究,有助于就企业海外并购项目的投资动因与初始股权选择影响效应的基本关系构建更加完整和科学的研究模型,从而为中国企业在海外并购的道路上"走得好"提供更具参考性的理论借鉴与指导。

问题三:企业的投资动因对海外并购后的股权结构动态调整是否依然会产生重要影响?这种影响是否又依赖于能力和环境机会特性等条件的配合来实现海外并购后的股权结构调整?这是对上述问题的进一步拓展。对问题三的剖析,有利于加深我们对中国企业如何动态地根据组织内、外部条件作出不同程度的后续股权变动决策结果的理解,也有助于中国企业展现海外并购后、股权调整决策中稳定的预期行为。

以上三部分存在紧密联系,即企业的海外投资动因可能会对初始股权选择产生影响,进一步地,组织内部异质性资源和外部制度环境又可能会对企业的海外投资动因与初始股权选择之间的关系产生约束作用。此外,在完成初始海外并购后,如果企业在跨国经营过程中又发生后续股权调整行为,那么上述因素又将如何在股权变动微观行为机制中发挥作用亦值得进一步探讨。由此可见,本书的三个子问题构成了一个研究问题的整体,形成了相互关联的逻辑关系。

二、理论意义

本研究的理论意义主要有以下三个方面。

(一)探索了中国企业跨境并购项目的投资动因对股权选择决策的影响

对企业海外并购过程中的股权选择影响因素的相关文献进行回顾和梳理,笔者发现已往研究偏重从交易成本理论或者制度理论出发,关注宏观层面的普遍因素以及共同规律,对企业层面的影响因素关注并不充分,即使近期学者们尝试从多元化的视角去探讨微观层面的因素,也仅仅局限于企业层面的常见的重要特征,缺乏对微观企业主体深层因素的独特性挖掘。本书以当下中国企业海外并购项目的两大主要投资动机为出发点,探索中国企业海外并购投资动因影响股权选择的路径,拓展了海外并购的股权选择影响因素的相关文献,深化了人们对海外并购股权选择的理解。本书在为中国企业作出科学、合理的海外并购的股权选择决策提供理论指导的同时,也为国际学术界提供了来自中国的经验证据。

(二)丰富了从单一理论视角对企业海外并购股权选择的分析

本书通过对已有文献的回顾及述评,对交易成本理论、制度理论以及资源基础观理论进行整合,形成"三支柱"理论架构。总体来说,在海外并购过程中的股权选择的影响因素中,制度环境关键性因素主要由交易成本理论和制度理论支撑;企业海外并购动因主要由资源基础观支撑;企业异质性资源则主要由资源基础观和交易成本理论支撑。具体来说,首先,与已往国内学者解释中国企业海外并购动因的理论(协同效应理论和市场势力理论)有所不同,本书主要从资源基础观的角度出发解释中国跨国企业的海外并购动因的经济效果,丰富了现有的研究领域;其次,相比于以往研究,本书认为企业在进行海外并购时,面临股权选择的决策,在遵循交易成本理论的假设下,企业不但会从成本最低、效率最优的原则去考虑,而且还会考虑制度理论所强调的制度环境差异。从整合的角度分析,本书可以弥补单一理论解释可能存在的缺陷,而且可以更加全面和科学地探索中国企业跨境并购项目的投资动因与股权选择关系的问题。

(三)构建了适用于中国企业海外并购股权选择决策的概念模型

正如上文所述,本书从企业海外并购的投资动因角度出发,丰富了海外并购的股权选择影响因素;同时,对理论进行深度整合和构建,将海外并购视为一项动态的系统工程,在考察中国企业海外并购投资动因对股权选择的影响效应的过程中,也考察了企业内部异质性资源和外部制度环境因素在其中的动态约束作用,勾勒了企业资源基础和制度差异对塑造企业选择股权方式的影响机理,从而完善了原有的逻辑架构,构建出了适用于中国企业海外并购股权选择决策的理论模型与实证模型,为以后的学者提供了科学和规范的研究逻辑。

三、现实意义

本书的研究具有重要的现实意义,具体而言,有以下几点。

(一)帮助企业管理者认识到明确海外投资目的的重要性

本书从中国跨国企业角度出发,在已有文献基础上,对中国企业海外并购动机的类型进行分类,进而对其进行创新性的量化构造。可借此帮助我国企业界的高层管理者认识到,在企业开展跨境并购项目时,企业的海外投资动因会影响到股权选择决策,即不同类型的海外投资动因存在着特定的股权选择偏好。因此,企业要避免在开展跨境并购时,因投资目的不明确所产生的盲目的股权选择偏好。这些来自中国跨国企业的经验证据,能够为今后希望"走出去"的企业提供更好的、更加科学的投资决策依据。

(二)帮助企业管理者认识到企业异质性资源积累对企业海外股权选择决策的影响

本书的研究还可以帮助企业管理者认识到,跨国企业海外并购的动因与股权选择决策的关系也会受到企业内部异质性资源的影响,强调了加强企业自身基础能力建设的意义。例如,在国际化过程中,良好盈利能力能够给企业带来诸多优势,并且可以作为一种有效的经营工具去优化、调整海外目标企业的股权结构。此外,中国企业自身的研发能力亟须加强,尤其选择通过向海外寻求技术、专利和研发资源的中国企业。本书的研究为企业在国际化过程中,可以从哪些方面着手去修炼"内功"、夯实自身资源基础提供了方向。

(三)认识优化经济制度环境的重要性

本书的研究着重从企业角度出发,探索海外并购过程中的股权选择的关键影响因素,强调了海外并购的主体是企业。经济制度环境对企业海外并购交易搭建情境平台具有重要作用,经济制度环境的优化将进一步提高中国企业在一些投资东道国的认可度,降低跨境并购交易产生的一些不必要的交易成本;同时,它也能够避免因与一些发达的投资东道国存在投资环境方面的差异可能导致的由中国企业发起的海外并购交易所遇到的制度障碍。

第三节 研究内容与研究方法

一、研究内容

研究内容是对研究问题"企业跨境并购项目的投资动因如何影响股权选择"在内容方面的细化。具体而言,本书的研究内容主要集中于以下四个方面。

第一,研究中国企业海外投资动因与初始股权选择之间的影响路径。本书基于中国企业海外并购热潮的现实情境,针对中国跨境并购项目的投资动因的特点,在归纳企业海外市场寻求导向型动因和战略资产寻求导向型动因的分化表现的基础上,通过创新性地对中国企业跨境并购项目的投资动因指标进行刻画、构建,将资源基础观、交易成本理论以及制度理论整合。本书还结合中国企业海外并购交易的实证证据,探究中国跨国企业的海外投资动因对股权选择的影响效应。

第二,研究企业异质性资源对海外投资动因与初始股权选择两者之间关系的影响。从资源基础的角度来看,企业通过海外并购来维持和创造自身竞争优势,但不容忽视的是,企业自身现存的资源和具备的能力对其产生的影响,特别是研发能力和盈利能力对企业海外投资动因与股权选择之间关系产生的影响,也是本书的扩展研究内容。从目前实践界和学术界来看,盈利能力和研发能力无疑是企业最为重要的两种异质性资源,有关上述两种企业内部资源的研究也一直受到广泛的关注。总体而言,企业拥有的良好盈利能力通常会获得合作方、市场各相关利益主体的积极评价,能够"缓和"新兴市场国家跨国企业在国际市场上所处的相对劣势的地位,而企业自身研发水平的高低又对海外战略资产的获取、引进、吸收及转化提供了重要保证。因此,本书借鉴已有文献,通过合理选取指标,进一步考察研发能力和盈利能力对企业海外并购动因与股权选择之间关系的调节效应。

第三,研究制度环境对企业海外投资动因与初始股权选择之间关系的影响。制度环境搭建了海外并购交易发生的情境结构,不同于西方的研究情境,中国企业对外投资具有"逆向型"的投资特点,因而需要对其特殊的投资制度环境进行考虑。已有研究表明,企业所处的制度环境差异的影响源自母国与东道国之间的经济制度差异、投资区位的差异、母国产权制度的约束以及企业所处的行业情境。因此,本书的细化研究内容包括经济制度差异对海外并购股权选择的影响,以及其对中国跨国企业海外并购动因与股权选择之间关系的约束影响;同时,本书将研究样本进行分组,以便更深入地考察企业海外并购动因与股权选择的基本关系,以及这一关系在不同产权背景、行业情境、区位差异下的分化表现。

二、研究方法

合适的研究方法是顺利开展研究工作的保证,根据研究问题、研究内容以及研究的目的,本书主要遵循从抽象到具体、从理论到实践的研究规律,将文献分析、理论研究与实证研究相结合,深入分析并探讨中国企业海外并购动因对股权选择的影响路径,以及企业异质性资源和制度环境对两者关系的约束作用。本书通过文献分析与理论研究,即在对既有文献梳理述评的基础上,在理论上回答"应该是什么"的问题;通过实证分析的方式,回答"事实上是什么"的问题。两种方法相互佐证、补充,从而更加科学、更加精准地回答本书需要研究的问题。本书的研究方法具体而言包括以下几种。

(一) 文献分析与理论研究方法

根据本书的研究问题,笔者广泛搜集和查阅国内外文献资料,对中外相关数据库以关键词的方式进行文献检索,着重关注 Strategic Management Journal、Organization Science、Journal of International Business Studies、Journal of Management、Journal of Management Studies、International Business Review、Asia Pacific Journal of Management 等外文重要期刊;另外,重点关注《经济研究》《管理世界》《世界经济》《国际贸易问题》《南开管理评论》《外国经济与管理》等国内重要期刊;主要检索了 Cross-border Merger & Acquisitions、Motives、FDI(Motivation)、Ownership Choice(Entry Mode Choice)等关键词。中文主要以 CNKI 为检索平台,进行了相应的文献检索。在理论分析中,笔者综合运用资源基础观、制度理论、交易成本理论等相关重要理论,基于上述方式的文献检索,对与本书主题有关的文献进行研究、归纳推理和逻辑演绎,构建本研究的概念模型。通过理论分析,本书提出研究假设,从而为后续实证检验奠定基础。

(二) 实证研究方法

本书主要用实证研究方法检验上述利用文献分析与理论研究方法所形成的企业海外并购动因对股权选择影响效应的研究假设。

首先,利用国内外已有的海外并购动因理论文献,结合我国上市公司海外并购项目的投资公告,对海外投资动因概念进行界定。本书借鉴扎根理论研究方法对海外并购公告相关文本信息的概念标签和已有文献进行归纳,进而对上市公司每笔海外并购交易的最核心动因进行分类量化,从而为投资动因转化为投资效果的实证研究奠定计量分析基础,在此基础上设计出企业海外并购动因影响初始股权选择的实证研究模型。

其次,按照实证研究范式,使用 Tobit 回归模型检验企业海外并购动因与股权选择之间的影响路径,并在此基础上,分别检验企业异质性资源(盈利能力和研发能力)和制度环境(产权背景、行业情境、投资区位差异、经济制度差异)对企业海外并购动因与初始股权选择之间关系的影响,具体包括调节效应检验和分组检验。此外,为确保实证研究结论的稳健性,本书替换了关键变量并进行了 Probit 回归模型的稳健性检验;还使用 Heckman 两步法来克服由于样本自选择所可能导致的内生性问题,以进一步增强研究结论的可靠性。

最后,在数据预处理和计量模型的实现方面,本书全部以 R 软件作为统计分析工具。

第四节 研究过程与结构安排

一、研究过程

本书的研究过程分为以下五个研究阶段。

第一阶段:提炼研究问题。在学术文献和企业实践的不断互动中,本书对企业跨境并购项目前沿问题和技术经济分析方向进行深入研究,逐渐提炼出了研究问题"企业跨境并购项目的投资动因与股权选择关系研究",并将其作为本书研究选题;同时,进行文献预搜集、整理和研读工作。

第二阶段:文献搜集与梳理。笔者通过搜集国内外相关研究成果,了解了国内外相关并购理论。具体来说,针对企业海外并购动因的有关理论,对资源基础观、交易成本理论、市场势力理论、效率理论、行业冲击理论以及国际生产折衷理论进行系统性的梳理;针对海外并购股权选择的相关理论,对制度理论和交易成本理论这两大核心理论文献进行了搜集和梳理;进一步地,不同于以往侧重从单一理论进行研究,笔者在梳理文献的同时尝试进行多种理论的整合构建,并系统地构建出以资源基础观、制度理论和交易成本理论为"三支柱"的理论构架。

第三阶段:理论分析与提出假设。笔者对不同主流学派视角下的相关知识进行整合,对研究问题进行了较为深入的理论分析,在设计出研究问题的概念模型基础上,根据相关研究理论和研究成果提出相应的研究假设。

第四阶段:研究设计和实证结果及分析。在研究设计阶段,笔者对研究问题进行了研究样本的选取以及数据的收集整理工作;此外,对中国上市公司 2001 年 1 月至 2016 年 9 月开展的海外并购活动的公告进行研读,对企业海外投资动因进行编码并将其转换为可操作性的研究变量;对于海外并购股权选择及其有关影响因素也通过相关数据库进行数据搜集、清洗与整理;在此基础上,进一步对本书的变量进行选取、对基本计量模型进行构建以及确定回归方法等。在研究设计的过程中,笔者同步对研究数据进行及时更新,并开展实证结果及分析工作。分析工作主要包括对搜集的数据进行统计分析和实证检验两大部分,主要内容涵盖描述性统计、相关性分析、回归分析、分组检验、稳健性检验以及内生性检验等。

第五阶段：写作与定稿。在前期研究基础上，笔者对本书的研究内容进行写作；与此同时，与同行业学者进行学术交流讨论，并对全书进行反复修改与完善，最后定稿。

二、结构安排

本书总共分为七章，各章之间的逻辑关系及其主要内容框架如图 1-1 所示。

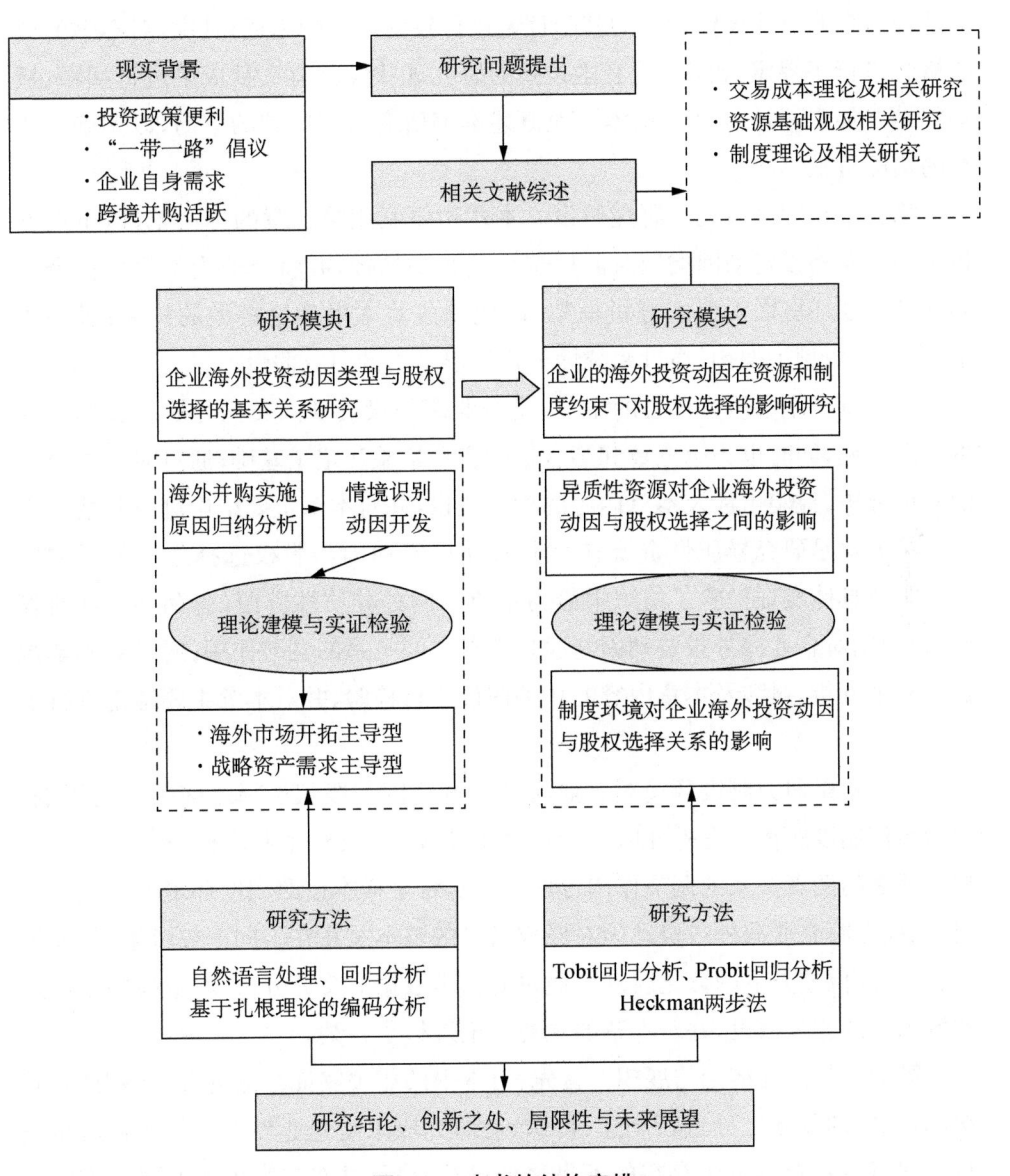

图 1-1　本书的结构安排

第一章是绪论。首先,介绍本研究的现实背景与理论背景,逻辑性地引出本书所要探讨的主要问题,即"企业跨境并购项目的投资动因与股权选择关系研究";其次,阐述本书的研究意义;再次,对本书中心问题所涉及的研究内容进行了概述,并介绍在研究过程中所运用的研究方法;最后,介绍本书的研究过程和全文的结构安排。

第二章是相关理论回顾及研究现状述评。首先,对本书涉及的海外并购股权选择和企业海外投资动因的基础理论进行较为详细的论述;其次,对本书的核心概念进行了界定;再次,对上述关系的研究现状及已有文献成果进行回顾、梳理归纳并加以述评;最后,总体性地概述本书研究可能突破的方向,以明确本研究的边际贡献。

第三章是理论模型与研究假设。本章主要利用第二章的理论基础,重点剖析了企业海外投资动因类型对股权选择的影响途径,并将企业内部异质性资源和外部制度环境因素引入分析框架,以此完成对本书理论模型的构建;进一步地,以理论模型为架构,通过系统性分析提出本书的研究假设。

第四章是本书研究核心的章节,是企业海外投资动因类型与股权选择的基本关系研究,同时也为第五章和第六章的实证检验奠定了基础;通过对样本数据的实证分析,检验了涉及本章内容的相关假设,并对本章主要结论进行归纳。

第五章是研究异质性资源在企业海外投资动因与股权选择之间关系的影响。本章具体实证检验了组织中最为重要的两种异质性资源(盈利能力和研发能力)分别对企业海外投资动因与股权选择之间关系的调节作用;通过对样本数据的实证分析,对涉及本章内容的相关假设进行检验,并对本章主要结论进行了归纳。

第六章是研究制度环境对企业海外投资动因与股权选择之间关系的影响,包括经济制度距离对海外并购股权选择的影响,以及对企业海外投资动因与股权选择之间两者关系的调节作用;进一步地,将全样本按照制度环境差异进行分组,以此考察企业海外投资动因对股权选择的基本关系在不同产权背景、行业情境、投资区位差异下的分化表现。通过对样本数据的实证分析,本章检验了涉及本章内容的相关假设,并对本章的主要结论进行了归纳。

第七章是研究结论与展望。首先,对本书的相关实证结论进行归纳总结;其次,对本书的创新之处进行阐述;再次,对研究成果给企业界带来的实践启示进行阐述;最后,对本书中存在的不足之处进行分析,并对未来可能的研究方向进行了初步展望。

第二章 相关理论回顾及研究现状述评

围绕"企业跨境并购项目的投资动因如何影响股权选择"这一中心问题,与其密切相关的文献主要有两大类:第一类是研究跨国企业海外股权选择的影响因素的文献,第二类是评估跨国企业海外投资动因的经济效果的文献。对现有研究的回顾和述评是开展本研究的基础。本章进一步通过以下几个方面对现有文献进行述评:首先,对跨国企业海外投资中的股权选择的相关文献进行回顾与述评;其次,对跨国企业海外并购的投资动因的相关文献进行回顾与述评;最后,通过对上述相关理论及研究现状进行全面梳理,识别出已有研究的不足之处,从而提出本书可能的突破点。

第一节 跨国企业海外投资中的股权选择相关研究

与本书中心问题密切相关的文献中,第一类是研究跨国企业海外股权选择的影响因素的文献。本节将从企业海外投资中的股权选择的理论基础、概念界定以及影响因素的研究评析三个方面,对文献进行系统性的回顾与梳理。

一、企业海外投资中的股权选择的理论基础

(一) 交易成本理论

英国经济学家罗纳德·哈里·科斯1937年在其发表的《企业的性质》一文中针对企业为什么会存在,以及在生产阶段或产业之间为什么既存在长期合同关系,又存在纵向一体化现象等问题,提出了"交易费用"概念。该研究围绕交易费用节约这一中心,把交易作为分析单位,找出不同交易的特征因素并分析了不同的交易应怎样用相应的体制组织来协调。他认为,企业与市场是两种可以相互替代的机制,而决定企业能否替代市场的关键因素则是交易费用。在《企业的性质》一文中,他列举了一般性的"市场交易"的成本所包含的一些项目,例如,获

取市场信息和处理市场信息的费用;交易谈判过程中的讨价还价、订立合约及履行合约的费用;由市场存在的不确定性所产生的成本。此后,科斯又进一步地明确了交易费用这一概念。他认为,所谓交易费用是指在完成交易过程中,度量交易、搜寻交易对象和价格、进行交易谈判、订立交易合约、对违约行为作出惩罚,以及维护交易秩序所需要的各种费用的总和。如果市场的交易费用很高,企业可能不会通过市场机制,而是通过企业一体化来完成资源配置过程,即把原有的市场交易过程转化为企业内部的资源配置过程,从而达到降低交易费用的目的,即以成本较低的企业内部交易来替代成本较高的市场交易。因此,可以说企业存在的客观必要性是为了节约交易费用。

威廉姆森进一步将科斯的交易费用概念进行了拓展并将其转化为标准的经济学分析方法。对于交易费用这个概念,他将交易费用分为"事前的费用"和"事后的费用"两类。事前的交易费用是指起草、谈判、保证落实某种合约的成本,也可以视为达成合同的成本;而事后交易费用是指合约签订之后发生的成本,例如,当事人退出某种合约关系所必须付出的费用、为确保交易关系的长期化和可持续性所必须付出的费用等。威廉姆森将其定义拓展到所有市场经济组织,并引入机会主义和有限理性等重要行为假设,这使得在经济分析中交易费用的概念可操作性更高。威廉姆森还探讨了影响交易成本的两个方面的因素:一方面是人的因素,包括他所强调的人性的有限理性和机会主义行为的倾向;另一方面是交易因素,主要包括资产专用性、不确定性、潜在交易对数的数量和交易发生的频率(Willamson,2016)。

对企业纵向一体化的解释,威廉姆森指出,企业出现与存在的目的是节约交易费用,但这势必会导致企业内部协调费用的增加,企业的规模问题也会因此出现。威廉姆森进一步分析了企业规模扩张和变小的均衡条件是市场交易费用与企业内部协调费用相等,即两者达到均衡,也即企业边界的形成。当然,企业边界的形成离不开威廉姆森强调的人性的有限理性和机会主义行为的影响。在尚未达到企业规模扩张的均衡条件时,如果降低的市场交易费用高于企业内部协调费用,企业纵向一体化的可能性就会不断增大,也即在产品市场或者要素市场中的双方买卖关系,可以通过企业一体化转化为在统一的企业内部的要素调拨配置关系。当企业增加的内部管理费用要高于由并购所带来的交易成本减少,降低交易成本就将成为企业纵向一体化的动因。此外,对于交易的特性以及影响交易费用的因素,威廉姆森强调资产专用性是影响交易费用的最主要的决定性因素。其中,资产专用性是指可以重新配置于其他备择用途的资产,使用者对其重新配置后不牺牲其生产性价值的程度。当资产专用性越高时，一方厂商对另一方厂商的依赖程度越高，诱发的机会主义行为越多，因此也需要进一步地寻求匹配的治理模式来提高交易效率。从威廉姆森交易费用理论对企业扩张乃至纵向一体化的分析可以得出，交易需要由特定的治理结构来组织，目的是降低交易费用。特定的治理结构可以是企业也可以是市场，但这两者的替代关系最终还取决于治理结构与交易的匹配程度。综上所述，市场和企业为相互替代而不是相同的交易机制，企业取代市场实现交易有可能减少交易的成本。从威廉姆森交易费用理论的分析得出，机会主义行为的存在加之人的有限理性，使企业通过市场协调不同结构的合约成本更高昂。因此，企业通过对外投资（并购活动）来实现纵向一体化是较为现实的选择。这在一定程度上消除了机会主义行为，也实现了降低总费用的目标，这为解释企业对外直接投资行为提供了一种重要的理论视角。

（二）制度理论

制度理论最初发源于经济学和社会学领域，并在随后发展过程中逐渐形成了制度经济学流派和组织社会学流派。从制度经济学流派来看，制度理论研究的核心问题之一便是组织的战略行为如何受到其制度环境影响；而组织社会学流派则更侧重于研究企业如何适应制度环境中的社会规则和规范，以获得自身合法性。

源于制度经济学流派的制度理论指出，作为一个开放系统，组织需要重视其与外部环境之间的关系，即任何组织都处于一定的制度环境之中，这是该流派的核心思想。因而，在研究跨国企业海外并购项目的投资动因与股权选择的两者关系时，引入制度理论的做法是非常合适的。

随着制度经济学的不断演进，对早期制度经济学中制度的定义也在不断修正和完善。早期文献通常将制度定义为一种行为准则或者规则，强调了制度是社会一定范围内的每个个人所必须遵守的行为规范，抑或是约束人们行为的一套行为规则。Meyer 和 Rowan(1977)的开创性论文引发了制度主义的兴起，他们认为制度对组织具有形塑作用。全球经济发生着深刻的变化，20 世纪 90 年代，以国际上具有影响力的学者 North 为代表的制度经济学流派兴起，制度理论也得到了蓬勃发展。该流派的理论逻辑是，制度是一系列被制定出来的规则、秩序和道德约束、社会化规范、伦理，以此来有效约束组织主体的福利或最大化利用个体行为；该流派进一步认为，制度可以视为社会的一种"博弈的规则"，并且约束着组织行为及其一系列相互关系；制度通常由正式规则和非正式规则两个部分构成，正式规则一般包括法律、规制、契约等，非正式规则一般涵盖了规范、习俗、惯例等。从这一角度来说，对于正式制度与非正式制度的区分是制度经济学最重要的一种制度分类（Dugger，1995），这为特定制度背景下的经济全球化浪潮中的跨国企业对外投资的战略和行为研究奠定了坚实的基础。与此同时，组织社会学流派代表人物 Scott 主要研究了制度本身以及制度合法性问题。对于制度的理解，Scott 认为制度是对组织行为有约束作用并有利于社会稳定的架构和活动，并指出合法性对组织制度具有重要的、基础性作用。进一步地，该流派又对制度作如下三类细分，具体包括规制制度、规范制度和认知制度。其中，规制制度依赖于规则的制定、监督和执行，其合法性基于工具主义逻辑和法律制裁；规范制度是描述理想目标和实现理想目标的适当方式，其合法性基于社会信念和规范；认知制度是强调参与者对环境的内部标准，其合法性基于文化习惯。总而言之，组织社会学流派认为组织作为一个开放系统，其自身存在于制度环境当中，为了向外部获取资源以及维持组织必要的生存与发展，组织需要遵循各种环境下的规范以获得其在社会中的合法性。

有关制度理论在跨国商业组织管理研究中的应用，与早期在国际商务研究领域中占据重要地位的国际生产折衷理论相比，制度理论已经逐渐被管理学领域研究学者广泛应用于跨国企业的经营战略和行为等研究，特别是具有国际影响力的学者 Peng 等在制度理论基础上提出企业战略的制度基础观（Peng 等，2008）。制度基础观认为，企业的对外直接投资（海外并购是最为重要的投资方式之一）不仅需要考虑企业的所有权优势、所在的区位优势以及内部化优势，其组织的战略选择本身也是在特定制度环境下对正式约束和非正式约束的一种反映（Peng 等，2009）。因而，在组织与制度的动态交互影响下，企业就需要考虑制度环境对其战略和行为的影响。Peng 等（2008）指出，随着新兴市场经济体国家的跨国企业海外投资事件数与金额的迅猛上升，在以往从国际生产折衷理论、产业基础观乃至资源基础观等诸多理论出发的跨国企业的对外投资决策和行为研究中，"制度"在跨国企业对外投资中往往扮演着"背景或者道具"的角色，并且通常被视为静态和稳定的。然而，跨国企业母国与投资东道国间制度环境和组织的差异，必然会使企业的战略和行为受到来自政治、经济以及文化层面的正式制度约束和非正式制度的约束。此外，由于制度隐含着企业在战略决策过程中无法控制的外部因素，而由这些外部因素导致的不确定性也将会增加企业完成战略目标的风险。因此，在企业跨国经营研究中，制度的重要性已不言而喻

(Phillips 和 Tracey,2009)。

由对上述制度理论的梳理可知,本书聚焦于中国企业跨境并购项目的投资动因对东道国目标企业股权选择决策的影响,就需要考虑制度情境(母国与投资东道国之间的经济制度环境差异性,后文实证检验中以"经济制度距离"表示)嵌入对上述关系的制度约束作用,将制度理论融入本书的分析之中。

二、企业海外投资中的股权选择的概念界定

在介绍股权选择之前,首先需要了解与之既存在一定区别又具有一定联系的重要概念,即海外市场进入模式选择。已有文献中关于海外市场进入模式的定义和分类方式有多种。在早期文献中,具有代表性的定义和分类方式主要有如下两种。其一,学者 Anderson 和 Gatignon(1986)从企业进入海外市场时需要对目标企业的掌控程度的角度出发,对海外市场进入模式进行了全新划分。他们把海外市场进入模式看作是能够使企业控制其海外子公司业务的一种治理方式和结构,并按照进入者的控制水平将进入模式进行分类,具体分为高控制模式、中等控制模式以及低控制模式。其二,Pan 和 Tse(2000)从跨国企业进入海外市场时选择进入模式的层级角度来划分进入模式,并提出了具体的层级划分方式:第一层是非股权方式与股权方式;第二层则是将非股权方式划分为出口和合同安排,股权方式分为独资和合资,独资又细分为新建和收购,合资又继续细分为少数合资、对等合资和多数合资。从国内外主流文献的研究来看,国内外学者对海外市场进入模式的定义已经基本趋同,并在理论研究中分别向两个维度拓展。第一个维度是,对于海外市场进入模式,其投资方式是选择新建方式(绿地投资)还是并购方式,这一维度在国内实证研究中已开始普遍采用(李善民和李昶,2013)。第二个维度是,在海外目标企业中选择何种股权比例,也即是采用合资模式还是独资(全资)模式,也称股权进入模式。国内学者周经和张利敏(2014)指出,这两个维度共同构成了海外市场进入模式的定义,并且这两个维度具有递进关系。

本书综合借鉴上述学术界的研究成果,特别是国内学者李善民和李昶(2013)、周经和张利敏(2014)对股权进入模式的定义和划分。本书主要研究的是中国企业跨境并购项目中的股权选择问题,因此对于进入模式中的两种投资方式(绿地投资和并购方式),不需要进行先行选择,直接递进至探讨对海外目标企业的股权比例安排问题上,也即在已确定的海外并购投资方式下,收购方对被并购企业股权比例应该作出何种选择。由此,本书不采用"海外市场进入模式选

择"(Foreign Market Entry Mode Choice)这一定义。

对于股权选择这一核心概念,本书强调了股权选择与海外市场进入模式选择的差异,在参考当前已有文献的基础上,对其所作的定义如下:企业海外并购的股权选择,即并购方收购东道国目标企业的股权比重(Lahiri等,2013;Yu等,2015;全诗凡等,2016)。该定义反映出收购方对目标方资金投入大小的安排以及对股权收购的比例多少的考量。从现有国内外并购领域的文献来看,对股权选择概念的核心内涵基本趋于一致。如 Lahiri 等(2013)在研究发达国家和新兴市场国家的跨国企业对印度本土企业的股权选择影响时,以 ownership choice 来表示跨国企业对海外标的企业所持有的股权比例,这一定义体现出收购方对东道国目标企业的股权比例的选择是对风险和收益进行充分论证、均衡考量的结果(全诗凡等,2016)。还有国内学者林季红和张璐(2013)采用股权策略选择以表达跨国企业对海外标的企业的股权并购比例,这其实也反映出对股权比例的选择是企业战略考量的结果。在研究跨境并购中并购方收购东道国目标企业的股权比重时,也有学者选用 ownership structure 来表达股权结构,例如 Gomes-Casseres(1990)用 ownership structure 来表达股权结构,指的是跨国公司对海外子公司持有的股权比例。一般来说,这一概念在用于跨境并购的文献时,实际上是对并购的股权比例的大小作了细分,即细分为少数股权收购、多数股权收购以及全部股权收购,以此来反映收购类型。例如,Cui 和 Jiang(2012)在研究中国企业跨国并购的股权结构影响因素时,就以 ownership structure 表达股权结构。然而,用 ownership structure 来表达股权结构显然存在诸多分歧,特别是在公司治理研究方面的含义。因为 ownership structure 不仅表达了持有的股权比例这一含义,还包含股东构成、大股东持有股权份额、股权集中度等含义,容易造成表达不清晰、不准确。由于本书研究的是企业跨境项目的投资动因对股权选择的影响,企业的投资动因反映出企业的海外战略,能够体现出企业的国际化的意图,而股权选择这一概念既量化地反映出中国企业对东道国目标企业一定数量的股权投资(并购股权比例),更多地表现为对被收购方的经营参与;又很好地反映出企业投资时隐含收益与风险的一种均衡考虑的结果。因此,本书认为,选用 ownership choice 来表示股权选择更为准确。

综上所述,股权比例是影响收购方对海外目标方控制的直接因素。因此,本书强调中国企业对海外目标方的股权控制,即在跨境并购方式下,对海外目标企业持有股权比例的选择和安排。

三、企业海外投资中的股权选择的影响因素研究评析

对于企业海外投资中的股权选择的影响因素,正如本节所述,尽管研究者已经以多样化的理论视角对该内容进行了研究和解读,但是传统的交易成本理论和新兴起的制度理论一直在该领域占据主流统治地位。因此,为保持研究逻辑的一致性,文献回顾、梳理以及系统性述评的连贯性,本节依然从交易成本理论视角和制度理论视角的相关主流实证研究文献中,对企业海外投资的股权选择的影响因素进行归纳;与此同时,也对其他理论视角下的重要实证研究文献进行了整理。厘清交易成本理论和制度理论中的重要影响因素与企业海外投资中的股权选择之间复杂的因果关系,在总结现有文献研究成果的基础上,为未来可能的突破方向及潜在的研究机会奠定扎实的研究基础。

(一) 基于交易成本理论视角下的股权选择影响因素的实证文献评述

Erramilli 和 Rao(1993)将传统的交易成本理论框架中相对严格的假设条件进行适度放松,基于修正后的交易成本理论,实证检验了美国服务行业的跨国企业资产专用性对海外股权进入模式决策的影响,并在此基础上分别检验了文化距离、国家风险、企业规模以及资本密集程度等因素对上述两者关系的调节效应。通过分析 381 起美国服务业跨国企业的海外投资事件,他们发现企业的资产专用性程度与采用部分股权控制方式呈现显著负相关的关系,即企业的资产专用性程度越高,越不可能选择以部分控制的方式对其海外子公司进行管理。此外,企业规模指标能够正向调节资产专用性与合资模式之间的关系,而国家风险、母国与东道国之间的文化差异则会负向调节上述两者之间的关系。该研究将早期传统的交易成本理论框架进行了扩展,并以此实证检验了海外股权进入模式的影响因素。这为后续学者从交易成本理论出发,解读海外股权选择问题提供了一个更加复合化的理论框架。

Delios 和 Beamish(1999)实证研究了交易成本、制度等因素对日本企业在东亚和东南亚的国家或地区的股权战略选择的影响。该研究构建了包括交易成本因素、制度环境因素和企业国际化经验在内的日本企业对外投资的股权战略选择模型。该模型主要考察了制度因素(东道国政治、经济风险、法律限制和知识产权保护力度)、交易成本因素(资产专用性、资产互补性)以及国际化经验对海外子公司股权水平的影响。实证结果表明,在制度环境因素中,东道国政治、经济风险因素的影响不显著,东道国对外国股权的法律限制力度、知识产权保护

力度与海外子公司股权水平显著负相关。对于交易成本所涵盖的要素来说,外国投资企业的资产专用性越高,则其越倾向于对这些国家的海外子公司持有较高的股权比例。此外,研究还发现,日本企业的国际化经验越高,其越倾向对海外子公司持有较高的股权比例。该研究结果表明,就日本跨国企业对海外子公司持股比例的选择而言,制度因素和国际化经验是最为重要的影响因素,而交易成本理论所关注的资产专用性等因素相对来说则显得并不十分重要。

Makino 和 Neupert(2000)从交易成本理论出发,研究了日本和美国两国企业在互相对外投资过程中,交易成本因素和国家间文化差异对海外子公司股权选择的影响。研究发现,交易成本相关的因素对日美企业相互投资的股权选择(全资和合资)具有很强的解释力,特别是研发强度与企业选择全资模式显著正相关。此外,与美国企业投资日本相比,日本跨国企业投资美国的倾向要表现得更为明显。

Brouthers(2002)研究了交易成本因素、文化情境变量以及制度情境变量对进入模式的影响,该研究特别强调"扩展的交易成本分析模型"的重要作用。该研究发现,跨国企业海外进入模式能够根据交易成本、制度等因素预测。具体来说,对于交易成本所关注的重要因素而言,当跨国企业感知到在东道国的交易成本越高,或者企业的资产专用性越高时,其越倾向于选择全资的股权进入模式。从制度环境因素来说,研究证实了东道国法律制约(正式制度)程度与选择全资模式的倾向显著负相关。然而,东道国市场投资风险越小,则其越可能倾向采用全资模式。此外,东道国市场成长率与全资模式也呈现正相关关系。值得一提的是,Brouthers 在 2013 年重新回顾了他在 2002 年发表的论文的观点,并认为,"扩展的交易成本分析模型"所包含的制度和文化情境变量仍然给未来国际化研究提供了良好的研究工具,进一步地,他对 2002 年论文的一些局限和不足进行了修正,并在实证模型中增加了部分控制变量(国际化经验)。他根据近十年间的研究发展以及对上篇论文研究成果的优化,再次肯定了 2002 年一文中的观点。此外,他认为将"扩展的交易成本分析模型"与其他理论视角结合是未来研究中一个不错的思路(Brouthers,2013)。

Puck 等(2009)构建了以交易成本理论为基础的核心分析框架,通过整合制度理论,实证检验了交易成本因素和制度因素对外国企业在中国设立海外子公司后的初始股权比例与后续股权比例之间变化的影响。研究发现,总体来说,当地知识水平的增加、高资产专用性与由合资转向全资模式的概率显著正相关;而企业对外部不确定性的感知程度以及文化距离与合资转向全资模式的概率显著负相关。该研究认为,跨国企业在华后续经营时,如果感知外部的不确定性程度逐渐降低，那么它在此情形下将合资模式调整为全资模式的可能性就越大；与之类似，当跨国企业的资产专用性程度不断提高时，那么初始采用合资模式的股权策略就很可能调整为采用全资模式对在华子公司进行管理。该研究不仅将交易成本理论运用到企业初始海外投资的股权选择分析之中，更为重要的是，在企业海外后续经营过程中股权选择的变化情况亦可由交易成本理论来解释。此外，研究将交易成本理论与制度理论进行了整合，这为后续学者提供了一个值得借鉴的思路。

Chang 等(2012)以 1999—2008 年中国台湾地区企业在 13 个国家的 2 451 笔对外投资为样本，研究了文化距离对股权进入模式的影响，并重点探讨了投资所在地治理质量对两者关系的调节作用。研究发现，当企业与海外子公司的文化距离越远且投资所在地的治理质量越差时，那么中国台湾地区的企业越倾向于选择全资模式；当投资所在地的治理质量越高时，那么当地合作伙伴的机会主义行为就越会被抑制，此时中国台湾地区的企业越倾向于选择合资方式进入海外市场。该研究基于交易成本理论中的有限理性和机会主义的两个重要假设，将制度理论整合，提供了来自中国台湾地区的经验证据。

Maekelburger 等(2012)从交易成本理论出发，实证研究了中小企业的资产专用性对海外股权进入模式的影响，并在此基础上检验了知识保护因素（东道国网络、国际化经验）和制度保护因素（产权保护力度和文化近似度）对上述两者关系的调节作用。主要的实证结果表明，作为交易成本理论的重要因素，资产专用性对中小企业的海外股权进入模式具有显著影响。然而，这种关系可以通过国际化经验、东道国网络、知识产权保护力度来调整，这种调节机制能够很好地保证跨国企业资产专用性的安全。该研究表明，中小企业在海外投资过程中，比大型企业更容易受到来自诸如技术、制度、政治以及市场变革的外部影响，因此其对资产专用性的保护就尤为重要。该研究通过引入两种保护制度因素（知识保护和制度保护），丰富了基于交易成本理论的相关研究。

（二）基于制度理论视角下的股权选择影响因素的实证文献评述

Yiu 和 Makino(2002)侧重从制度理论视角出发，研究了制度因素（规范性制度变量、认知性制度变量以及规制性制度变量）对海外子公司股权选择的影响。研究发现，制度作为外部力量对股权进入模式选择的影响是多层次的。从宏观层面影响企业股权进入模式选择的角度来说，规制性制度和规范性制度因素更具有解释力；从企业层面的影响因素中，认知性制度因素解释力更强。研究还发现,在多种制度影响下企业对股权进入模式的选择,可以概括为当东道国的规制性制度和规范性制度越严格,跨国企业则越倾向于选择合资模式,这是因为在此制度环境下,企业可以更容易获得合法性的认可。当投资东道国的认知制度压力较强时,企业则可能采取跟随效仿策略进行股权进入模式的选择,以此寻求外部合法性。

学者Chung等(2005)基于制度理论,以1997年发生在亚洲金融危机前后的日本跨国企业在亚洲新兴市场国家的海外投资事件为例,探讨了严峻的外部制度环境变革对企业海外股权进入模式选择的影响。该研究以亚洲金融危机前后的经济制度差异为背景,通过制度理论搭建日本跨国企业在此时期内海外投资交易的框架分析平台。经验证据表明,在亚洲金融危机之后,日本跨国企业在这些亚洲的新兴市场国家中更倾向于对海外子公司采用全资模式或以较高的股权比重参与管理,同时采用高股权比重甚至全资模式的股权策略也增加了所投海外子公司的存活率。该研究表明,同传统理论所研究的技术变革、放松规制、东道国和行业的制度环境压力情境类似,这种金融危机所产生的影响亦是制度环境中需要考虑的重要因素,该研究丰富了制度理论所探讨的组织和环境之间关系的影响因素。

Chan和Makino(2007)构建了跨层次(企业、行业、投资东道国)制度环境模型,从组织社会学视角的制度理论出发,探究内、外部制度因素对海外子公司股权选择影响的幕后合法性逻辑。研究发现,当企业处于东道国和行业的制度环境压力均较强的情境下,跨国企业很可能对海外子公司持有较低的股权比例。其背后的逻辑是这些跨国企业通过持有海外子公司较低的股权比例来获取外部的合法性。与此同时,当跨国企业面临较强的内部制度环境压力时,跨国企业可能更倾向于对海外子公司选择较高的股权水平以维持内部的合法性。该研究对组织社会学派视角下的制度理论进行了深化处理,并为后续学者提供了一种值得参考的研究思路,即对海外子公司股权的安排有可能是基于东道国制度环境压力以获取合法性的一种考量。

Contractor等(2014)以1998—2008年跨国企业对两大新兴市场国家(印度和中国)企业的海外并购交易数据为样本,基于经济学视角的制度理论并结合国际生产折衷理论模型,探讨了母国与东道国制度环境差异下,跨国企业对新兴市场国家开展海外并购活动中的股权收购方式选择问题。该研究探讨了制度距离、文化距离以及行业关联度对海外并购股权收购方式的影响。其研究结果显示,收购企业母国与投资东道国正式制度距离(差异)越近,则企业越可能倾向于采用少数股权收购的并购方式。非正式制度距离（文化差异）越近，相对于全部股权收购方式和多数股权收购方式来说，收购企业采用少数股权收购方式的可能性就越大。该研究在一定程度上预示着制度距离也会成为新兴市场国家跨国企业进行海外并购股权收购方式的一大影响因素。

Powell 和 Rhee（2016）从组织社会学流派的制度理论出发，重点研究了规制制度、规范制度和认知制度中的规制制度对海外附属公司的股权结构的影响，实证检验了日本汽车行业的跨国企业对海外附属公司的股权结构（多数股权结构和少数股权结构）的影响因素。研究以 1993—2009 年日本企业的 8 959 起海外投资事件为样本，研究表明，东道国的规制距离越大（规制环境越不透明），日本跨国企业则越可能选择少数股权结构的持有策略，然而在东道国的先前投资经验能够显著减弱规制距离与选择多数股权结构策略的负相关关系。该研究仍然以合法性贯穿研究主线，并对传统文献中的先前国际化投资经验作了进一步的修正，充分考虑了国际化经验的异质性，进而细化了相关的研究。

（三）基于多元化理论视角下的股权选择影响因素的实证文献评述

除了基于交易成本理论和制度理论分别开展实证研究，一些学者也通过多元化理论视角尝试分析海外投资中的股权选择的影响因素。

Brouthers 等（2008）将资源基础观和制度理论进行整合，研究了企业专有资源和进入模式选择偏好之间的关系，重点考察了制度差异对上述两者关系所产生的交互影响。该研究指出，国家间的制度环境差异将会显著影响到企业层面的专有资源在对股权进入模式选择中的应用。该研究以问卷调查的方式收集了荷兰、希腊、德国和美国的跨国企业投资进入中东欧国家的对外投资事件，并以此为样本。研究发现，企业拥有的专有资源越少，则在海外投资中越可能倾向于采用合资模式；反之，则可能倾向于采用全资模式。进一步地，该研究指出这种关系还需要考虑国家间的制度差异（情境）的影响。具体地，制度环境差异可以显著调节企业专有资源和股权进入选择偏好之间的关系。该研究表明，对于海外子公司股权进入模式选择问题，将企业纳入动态的制度环境并从资源基础观视角去解释股权策略选择问题，要优于仅从单一的资源基础观的角度去解释股权选择问题。

Cui 和 Jiang（2012）利用 2000—2006 年中国企业的 132 起对外直接投资事件，研究了国有股权结构对中国企业海外投资股权决策的影响。该研究从政治学视角出发，拓展了制度理论在国际商务研究中的应用；研究探讨了母国规制压力、东道国规制压力和东道国规范压力对企业海外投资股权选择的影响,以及国有股权比例对企业所面临的制度因素与海外股权选择之间关系的调节作用。该实证研究结果发现,投资企业的国有股权比例越高,越能够强化母国规制压力、东道国规制压力和东道国规范压力对企业选择合资模式的正向影响。该研究从政治学视角的解释是,企业的国有股权强化了东道国的制度压力,创造了带有母国政府的政治属性,增加了公司对母国制度的资源依赖;与此同时,也影响了东道国政府对企业的印象,进而企业的国有股权比重越高,其面对的制度压力也就越大,则越可能倾向于对海外子公司选择合资模式,以此来获得合法性的认可。学者 Huang 等(2017)主要从资源依赖理论视角出发,考察了中国制造行业国有企业的国有股权结构与海外投资项目数量之间的关系,研究也证实了企业国有股权比例与海外投资项目数量之间的显著负相关关系,即国有股权比例越高,则越加重企业对母国政府资源的依赖,这将会削弱中国制造行业国有企业的对外投资意愿。该研究还发现,制度环境和行业竞争程度会弱化企业国有股权比例与海外投资项目数量之间的关系。该研究指出了国有股权结构在中国企业对外投资过程中可能产生的负面影响,与 Cui 和 Jiang(2012)的研究结论相似,股权结构乃至产权是中国企业进行海外投资的重要影响因素。

Elango 等(2013)将资源基础观和知识基础观进行整合,以 2001—2008 年跨国企业在金砖四国开展的海外并购交易作为研究样本,研究了制度距离、先前并购经验对高新技术行业企业海外并购的股权选择的影响。研究发现,与全部股权收购方式相比,高新技术行业的并购更倾向于采用部分股权收购方式。企业在东道国的并购经验越丰富,则采用全部股权收购方式的概率就会越高。此外,研究还发现,企业很可能出于对当地企业合法性、嵌入资源以及在制度差异下员工间良好合作的考虑,而在高新技术行业企业中采用部分股权收购的并购方式。

国内学者 Xie(2014)基于高阶理论视角,研究了企业高管特征对企业海外投资战略选择的影响。该研究以中国上市企业为样本,研究了中国上市企业 CEO 任职时长与其海外投资的股权进入模式选择之间的关系。经验证据表明,CEO 任职时间越长,企业选择全控制模式(全资)的可能性就越大,而且两职合一的特征将会强化这种关系,然而,公司规模和公司成立时间没有明显的调节作用。该研究从微观企业的高管特征出发,丰富了海外股权进入模式选择的影响因素。另外 Xie(2017)在研究中,从组织生态学的视角出发,重点研究了企业年龄这一微观特征对股权选择的影响。研究发现,企业年龄与高股权比例持有模式之间存在显著的倒 U 型关系。该研究结果表明,微观层面的企业某些重要特征变量对股权选择的影响有时可能表现出非线性特征。

　　Driffield 等(2014)将制度理论和代理理论进行整合,检验了跨国企业对海外附属公司的股权结构(股权比例)变化的影响因素。该研究以 2003—2011 年来自中、东欧 16 个国家的跨国企业对外投资数据为样本,研究表明,东道国的制度环境以及企业层面的资产专用性(用无形资产与总资产比值来代替)将会显著影响跨国企业的股权参与程度。研究指出,当跨国企业面临越弱的东道国制度环境(具体表现包括:腐败程度越高、法律不确定性越高、当地企业的公司治理水平越低)时,跨国企业越可能对当地企业采用高比例持股策略;研究还发现,跨国企业的资产专用性越高,则其越倾向于对当地企业采用高集中度的股权结构。该研究侧重从公司治理层面,运用代理理论对海外附属企业的股权结构进行解读,这表明对股权选择问题的研究有着多样化的视角。

　　Lo 等(2016)从网络理论视角出发,重点研究了企业内外部网络关系对海外投资股权选择的影响。该研究表明,外部网络链接(例如当地合作伙伴、供应商、客户等)能够帮助跨国企业获得所需的资源,如果跨国企业自身的客户在东道国进行投资,而跨国企业跟随客户也在东道国展开投资时,那么此时跨国企业选择全资模式的可能性就较高;在内部网络关系中,如果跨国企业拥有较强的内部网络关系,那么跨国企业在东道国更倾向于选择全资模式的股权进入模式。该研究侧重从网络视角出发,丰富了海外投资股权选择的研究文献,是那一时期兴起的一类研究视角。

　　一些学者从实物期权理论出发,研究了跨国企业在对外直接投资时股权选择的问题。一般来说,实物期权理论在研究该类问题时通常从基于不确定性环境的决策考虑出发,侧重对跨国企业投资的价值和风险之间的衡量。例如,学者 Li 等(2017)研究跨国企业在中国投资时股权选择决策的影响因素中指出,当东道国市场存在很高的不确定性时,与高承诺的资源投入的股权策略相比,跨国企业更可能选择流动性较高的股权投资策略。这些学者以 2000—2006 年国外跨国公司在中国制造行业的 5 055 起对内投资事件作为研究样本,实证结果发现,东道国市场的不确定性对股权选择策略具有显著的影响。具体来说,随着东道国市场不确定性的增加,跨国企业更可能选择合资模式,反之则更倾向于独资模式。

　　还有一些学者从产权理论出发,研究了跨国企业在对外直接投资时股权选择的问题。总体来说,产权理论遵循交易成本理论假设的同时也强调了契约的不完备性,并将合作方视为一种外部期权。例如,学者 Driffield 等(2016)从产权理论视角出发,研究了海外子公司进入前后的持有股权比例的变化的影响因素。

研究发现,初始和后续之间的股权比例变化可以用东道国制度环境(金融市场开发程度和东道国政治腐败程度两维度构成)、企业层面的成熟度和国际化经验等特征来解释。具体来说,当东道国的腐败程度加剧时,对海外子公司由多数股权减持至少数股权的事件发生的可能性不高;当东道国的金融市场发展水平改善提升时,则发生股权减持行为的概率显著提高。该研究侧重从产权理论角度,丰富了对海外子公司初始和后续的股权选择相关理论的解释。

此外,少数研究还考虑了管理者的主观心理属性对海外市场股权进入模式选择的影响。例如,学者Lai等(2017)基于行为决策理论和心理学文献,研究了管理者过度自信对股权选择决策的影响。结果表明,随着CEO过度自信的倾向不断增加,特别是当公司面临更大的信息不对称或环境不确定性时,其采用全资模式的股权决策的概率也显著提升。研究还发现,当跨国企业面临母国与东道国更大的制度距离、文化距离,面临更高的东道国市场风险以及在当地市场上较为缺乏的经验时,上述正相关关系将会得到进一步强化;然而,董事会层面的因素又会削弱CEO过度自信和全资模式之间的正向关系。这一研究从企业层面的高管特征因素着手,补充了现有的海外股权进入模式决策的相关文献,强调了引入公司领导的心理偏差的必要性。

(四)国内的实证文献回顾与述评

在此,对国内重要期刊上具有代表性的实证文献进行简要回顾。

薛求知和韩冰洁(2008)以来自19个发展中国家的745家跨国企业海外子公司为研究样本,从国家腐败的角度出发,实证检验了东道国的腐败程度对进入模式的影响。研究发现,产业层面的腐败感知程度与跨国企业持有的股权比例显著负相关,国家层面的腐败感知程度与跨国企业持有的股权比例负相关。该研究总体结果表明,投资东道国的腐败将会对海外进入模式选择产生重要影响。

陈守明和简涛(2010)以中国制造行业上市公司的262起对外直接投资事件作为研究样本,基于高阶理论,实证检验了董事长个体特征与进入模式选择之间的关系。研究结果表明,董事长的个体特征中,其任职时间、受教育程度以及生产技术背景与选择全资模式的倾向具有显著的正相关关系,而个体的国际化经验对进入模式选择则不具有显著的影响作用。与以往研究偏重从制度层面的影响因素探讨不同,该研究较早地注重微观个体层面的因素,从而丰富了国内该研究领域中的内容。

林季红和张璐(2013)从制度理论出发,考察了文化距离、东道国市场开放程度、商业环境以及东道国是否是发达国家等因素,对中国企业海外并购股权策略选择的影响。实证研究结果表明,文化距离、市场开放程度与中国企业海外收购选择高控制的股权策略存在显著正相关关系,而东道国商业环境对中国企业海外收购的股权策略选择的影响方式不确定。然而,綦建红和杨丽(2014)借鉴Hofstede文化理论,通过运用具有代表性的KSI测量方式测量后得到,文化距离指标对股权进入模式选择的影响与林季红和张璐(2013)年的研究发现并不一致,綦建红和杨丽(2014)以问卷调查、实地调研以及查阅上市公司公告方式进行数据收集整理,对2004年以来的中国样本企业的267起对外直接投资样本数据进行了检验。该研究表明文化距离对企业对外直接投资方式选择(绿地投资还是并购)具有直接的影响,但对股权进入模式的选择(全资还是合资)的影响并不显著。上述相互存在矛盾的研究结论表明,制度因素对进入模式的选择的影响还需要基于中国情境作更进一步的探索,并需要重视指标的测量。

林润辉等(2015)使用中国上市企业的海外子公司数据,实证检验了制度距离对股权进入模式选择的影响以及多元化战略(主业集中多元化、相关多元化以及非相关多元化)对两者关系的调节作用。研究发现了制度距离对中国企业海外股权进入模式具有显著的影响,母公司的主业集中对相关多元化战略具有显著的正向调节作用,而母公司的非相关多元化战略则对两者关系具有负向调节作用。

吕萍和郭晨曦(2015)则从公司治理结构的角度探讨了进入模式选择的问题。该研究使用上市企业投资欧盟重要发达国家的数据进行实证分析,并得出如下结论:独立董事比例较高、高管持股比例较高、两职合一、机构投资者持股比例较高的公司更倾向于选择合资的股权进入模式,而前五大股东持有股份的股权集中度和董事会总人数对进入模式选择不具有显著的影响。

全诗凡等(2016)实证检验了东道国经济风险和制度结构对中国企业海外并购股权选择的影响。实证检验结果表明,东道国经济风险程度(用通货膨胀程度衡量)与中国企业海外并购股权交易比例负相关,但在统计意义上不显著。东道国对中国的出口贸易依赖度与海外并购股权交易比例存在显著的U型关系,在制度结构方面,投资东道国的市场法律质量与海外并购股权交易比例不存在显著的负相关关系。进一步地,研究发现在双边政治制度方面,东道国与中国法律同源和双边建立外交时长,与中国企业海外并购股权交易比例显著正相关。

吴亮和吕鸿江(2016)基于制度理论研究了企业资源禀赋、制度环境与进入模式选择之间的关系,并且强调了微观企业资源与宏观制度环境的交互影响的重要性。实证研究表明,中国企业研发密度越高,在海外进入模式选择中越可能表现出独资倾向;而企业的广告密度越高,则选择合资模式的可能性就越大。在制度环境中,中国市场化程度越高以及母国制度环境越完善,则企业越倾向于选择独资的进入模式。进一步地,研究检验了文化差异与企业资源禀赋的交互作用对进入模式选择的影响。

本书对国内重要期刊中具有代表性的实证研究文献进行梳理、回顾后发现,由于中国企业海外投资起步相对较晚,早期的实证研究数据较为缺乏,我国的研究文献与西方重要的研究文献相比,存在一定程度的时滞。随着中国企业的对外投资事件不断增多,相应的研究也逐渐丰富起来;其从研究对象来看,以中国跨国企业海外股权选择为主;从研究理论和内容来看,基本上与西方理论保持一致,也侧重运用制度理论等在该领域占据主导地位的理论。然而,与西方重要的文献有所不同,国内研究更加注重对中国企业对外投资中的股权选择影响因素进行实证检验,对基础理论以及理论在中国情境下的适用性、有关是否在中国情境下存在差异的探讨的深入性方面还有待提高。西方文献主要观点综述汇总表如表 2-1 所示。

表 2-1　　　　　　西方文献主要观点综述汇总表

文献	主要理论	核心自变量	因变量	关系	理论逻辑	研究情境
Erramilli 和 Rao(1993)	修正后的交易成本理论	资产专用性	部分控制模式、全部控制模式	—	取决于组织内部整合成本的高低以及整合能力水平的高低	美国服务业跨国企业的海外投资事件
Delios 和 Beamish (1999)	以交易成本理论为主,辅以制度理论	东道国政治、经济风险	在海外子公司中所持有的股权比例	不显著	低股权水平降低风险、增加灵活性	日本跨国企业在东亚和东南亚9个国家展开的投资活动
		东道国法律限制程度		—	制度约束	
		东道国知识产权保护力度		—	避免当地被投资企业的机会主义	
		资产专用性		+	降低机会主义	
		国际化经验		+	丰富的经验知识有利于克服障碍	

（续表）

文献	主要理论	核心自变量	因变量	关系	理论逻辑	研究情境
Makino 和 Neupert（2000）	交易成本理论	研发强度	全资和合资	+	降低机会主义	日本和美国两国企业在互相海外投资交易
Brouthers（2002）、Brouthers（2013）	扩展的交易成本分析模型	综合交易成本	合资和全资	+	调查、谈判以及监管成本的推动	欧美成员国企业对外投资
		资产专用性		+	降低机会主义	
		投资风险		−	降低资源承诺	
		法律限制		−	法律对全资的限制	
Puck 等（2009）	交易成本理论	资产专用性	合资转向全资模式的可能性	+	遵循 Brouthers（2002）、Erramilli 和 Rao（1993）相同的逻辑,即降低机会主义及整合成本	外国企业在中国设立海外子公司
		外部不确定性的感知程度		−	遵循 Brouthers（2002）相同的逻辑,即降低资源承诺	
		文化距离		−	交易双方的文化差异将会同时增加交易的不确定性以及该项交易的成本	
Chang 等（2012）	制度理论	政府规制程度	合资和全资	−	投资所在地现存复杂制度的阻碍	中国台湾地区企业在13个国家的2 451笔对外投资
	交易成本理论	文化距离		−	交易双方的文化差异将会同时增加交易的不确定性以及该项交易的成本	
		投资所在地治理质量		+	投资所在地的治理质量越高时,其当地的合作伙伴的机会主义行为就越会被抑制	
Maekelburger（2012）	交易成本理论	资产专用性	合资和全资	+	降低机会主义	德国中小企业的海外投资事件
		知识产权保护力度		不显著	产权保护机制能够保证跨国企业资产专用性的安全	
		文化相似程度		不显著	在熟悉的文化和内部化之间,契约显得并不重要,进而更加需要制度保护	

(续表)

文献	主要理论	核心自变量	因变量	关系	理论逻辑	研究情境
Yiu 和 Makin(2002)	制度理论	规范性制度限制程度	合资和全资	+	当东道国的规制性制度和规范性制度越严格,跨国企业则越倾向于选择合资模式,因为在此制度环境下,企业可以更容易获得合法性的认可	以日本五大家用电器和五大汽车行业的跨国企业为对象,研究了其751家海外附属子公司的投资事件
		规制性制度限制程度		+		
		认知性制度限制程度		+	当投资东道国的认知制度压力较强时,企业则可能采取跟随效仿策略,以此寻求外部合法性	
Chan 和 Makino (2007)	制度理论	较强的东道国和行业的制度环境压力	股权结构(股权比例)	−	获取外部的合法性的需要	以来自日本的898家跨国企业在39个投资东道国的4 451家海外附属子公司作为研究对象
		较强的内部制度环境压力		+	维持内部的合法性的需要	
Brouthers 等(2008)	资源基础观、制度理论	企业专有资源	全资模式和合资模式		具有丰富专有资源的企业会减少获取外部资源的需求,冲破制度隔离机制	荷兰、希腊、德国和美国的跨国企业投资进入中东欧国家的对外投资
		动态学习能力		+	较强的动态学习能力能够克服内部制度障碍	
Cui 和 Jiang (2012)	基于政治学视角的制度理论	母国规制压力	合资和全资	+	母国规制的限制	2000 年至 2006 年中国企业的132起对外直接投资交易
		东道国规制压力		+	东道国规制的限制	
		东道国规范压力		+	东道国规范的限制	
		国有股权比例		+	企业的国有股权强化了东道国的制度压力,创造了带有母国政府的政治属性,增加了公司对母国制度的资源依赖	

(续表)

文献	主要理论	核心自变量	因变量	关系	理论逻辑	研究情境
Contractor 等(2014)	制度理论、国际生产折衷理论模型（OLI）	正式制度距离	股权收购方式选择（少数股权、多数股权）	+	资源投入、成本、风险收益的权衡	跨国企业对两大新兴市场国家（印度和中国）企业的海外并购交易
		非正式制度距离（文化距离）		+	采用少数股权收购降低文化距离带来的不确定性	
Powell 和 Rhee(2016)	制度理论	规制环境透明程度	股权结构（多数股权结构、少数股权结构）	−	获得合法性的认可	日本汽车行业企业在 1993—2009 年的 8 959 起海外投资事件
		异质性的国际化经验		+	丰富的经验知识有利于规避制度障碍	
Driffield 等(2014)	制度理论、代理理论	腐败程度	股权比例	+	降低股权水平减少风险	来自中国、东欧 16 个国家的跨国企业 2003—2011 年对外直接投资事件
		法律不确定性程度		+	制度约束、减少风险	
		当地企业的公司治理水平		−	代理成本的考量以及不完善的治理机制所引发的不确定性	
Li 等(2010)	实物期权理论	外部不确定性的感知程度	全资模式和合资模式	−	从不确定性环境下的决策考虑出发，侧重于跨国企业投资的价值和风险之间的衡量	跨国公司在中国制造行业的 5 055 起对内投资事件
Elango 等(2013)	资源基础观、知识基础观	先前海外并购经验	股权收购方式（全部股权收购、部分股权收购）	+	经验有利于降低风险，知识有利于对并购的掌控	以 2001—2008 年跨国企业在金砖四国开展的海外并购交易作为样本
Xie(2014)	高阶理论	CEO 任职时长	全资模式和合资模式	+	任职时间较短（较长）的 CEO 往往表现出风险规避（风险承担）的倾向	来自中国跨国企业的对外直接投资事件
		两职合一		+	强化了风险承担和资源投入的倾向	

(续表)

文献	主要理论	核心自变量	因变量	关系	理论逻辑	研究情境
Lai 等(2016)	行为决策理论	CEO过度自信	全部股权和部分股权	+	主观心理属性(个体心理偏差)对行为决策的影响	美国跨国企业在2001—2014年期间的对外直接投资交易
		董事会权力		−	群体决策的稳健性	
Lo 等(2016)	网络理论	网络关联	全资模式和合资模式	+	(当地合作伙伴、供应商、客户等)能够帮助企业获得所需的资源且企业采用跟随客户策略	来自中国台湾地区企业的对外直接投资事件
Driffield 等(2016)	产权理论	金融市场完善程度	海外子公司进入前后的持有股权比例的变动(多数股权减持至少数股权的概率)	+	契约的不完备性	来自122个母国和与之对应的125个东道国的全球跨国企业
		东道国政治腐败程度		−	降低股权水平减少的风险	

第二节 跨国企业海外并购的投资动因相关研究

与本书中心问题密切相关的文献中,第二类是研究跨国企业海外并购的投资动因经济效果的文献。本节将从企业海外并购的投资动因的理论基础、概念界定以及经济效果、研究评析这三个方面进行系统性的回顾与梳理。

一、企业海外并购的投资动因的理论基础

20世纪90年代后期,随着新兴市场国家跨国企业对外投资力度的不断加强,通过海外并购方式快速参与国际化进程并以此提升竞争力的现象越来越引起学术界的关注。有关新兴市场跨国企业的海外并购投资动因也越来越需要理论支持和实践指导。跨国企业开展并购的动机是什么,有哪些理论对其进行解释?从现有的文献梳理来看,国内外学术界主流文献通过五种重要的理论解释企业海外并购的动机,这五种理论分别是资源基础观、市场势力理论、效率理论、

行业冲击理论及其他重要理论。当然,企业对外直接投资的理论基础,如国际生产折衷理论在解释其现象时也发挥着十分重要的作用。

(一)资源基础观

回顾已有文献,资源基础观在企业战略研究领域占据着极其重要的地位。该理论把企业看成是各种资源的结合体,企业所拥有的资源都不尽相同且具有异质性,正是这种特殊的异质资源可以成为企业持久竞争力的来源。该理论的假设是:企业具有独特的、有形和无形的资源,这些资源可以转变为自身独特的能力,这些资源在企业之间是不可流动且难以复制的,这些独特的资源和能力是保持企业持久竞争优势的源泉。追溯早期的资源基础观文献,Wernerfelt(1984)明确指出,在市场不完美的条件下,并购为企业提供了一种资源交换的机会。企业通过并购获得资源时,需要考虑到目标方(卖方)资源对买方的价值,并且需要平衡和配置双方间资源利用与新资源开发的关系。Peteraf(1993)认为企业的持续竞争力来源于对内部各种资产的整合,并指出在企业战略资产中独特的那部分资源才是保持持续竞争优势的关键所在。

Barney(1991)对资源基础观作了进一步研究,其重要的研究贡献是对企业资源作了细致的解释和界定。他认为并不是企业所有的组织资本、人力资本等资源都可以视为具有战略性、重要的资源,资源也并不一定能为企业运营带来效率,同时也并不是所有的资源都能够为企业战略发展提供发展保证。企业的资源应该是有价值的、稀缺的和难以模仿的,并且还需要具有可持续性。企业只有拥有并且掌控这些资源,才能够对其竞争力产生影响,才可以通过获取并使用这些资源不断提升自身核心能力,形成持续性的竞争优势。

Barney等(2011)重新回顾了他在1991年发表的论文中的观点,他利用学术界20年间的研究,进一步指出了他的观点从提出到发展成熟所形成的研究成果以及后续的研究方向。其中,作者特别强调了资源基础观对衍生其他理论,以及与其他视角的结合方面所作出的研究贡献。例如,Teece等(1997)突破了资源基础观的静态分析框架,提出了在外部不确定的环境下,通过改变组织的资源基础适应外部多变环境的动态能力理论,并将动态能力定义为企业为了适应快速变革的环境,调整、建立和重组内部及外部组织资源、知识技能和职能的能力。Oliver(1997)将资源基础观与制度理论相整合,构建出一个全新的理论模型以解释企业的可持续竞争优势方面的问题,且指出企业自身拥有的资源资本和外部的制度资本对企业保持竞争优势来说都是必不可少的要素。

从企业海外投资的角度来说,传统的国际生产折衷理论指出企业具有所有权优势是跨国企业进行海外投资的主要原因(Dunning,1988)。因此,在该领域的主流理论视角下,企业国际化的一个重要假定是企业需要具备竞争优势,而资源基础观恰恰侧重探讨企业应需要具备怎样的内部条件(主要包括资源和能力)才能创造和保持竞争优势。类似于Dunning提出的国际生产折衷理论,资源基础观将企业对外直接投资时需要具备的所有权优势定义为企业专有资源,从而从资源基础观的角度延伸了国际生产折衷理论。然而,与国际生产折衷理论侧重点有所不同,资源基础观在企业国际化研究中的应用贡献不仅体现在跨国企业利用专有资源方面,而且有效地体现在对跨境并购中企业投资动因的解释方面以及该理论与其他理论的兼容性、延展性等方面。

(二)市场势力理论

市场势力理论认为,企业并购的动因是通过对相同市场层次的竞争对手的兼并,可以提升企业自身的市场势力、在行业经营中的话语权、市场占有率,并将长期获得盈利机会。该理论研究指出,企业通过并购增加市场势力时,尽管增进了企业股权价值,但这却是以牺牲供应商和客户的利益为代价的。例如,一方面,企业市场势力的提升将显著地减少竞争对手的数量,降低其行业的市场竞争程度,提升行业集中度,此时厂家可以针对消费者改变其产品价格,其通常以提价的形式表现;另一方面,厂家可以对供应商所提供的原材料进行充分压价,降低采购成本,从而谋取巨额利润。特别是当某行业处于高度集中状态时,随着企业规模的进一步扩大,厂家更能够打破原有市场格局,形成更强的议价能力。随之而来的可能是共谋行为,企业可由此获得特定形式的垄断和长期盈利机会。

对于市场理论的检验,许多学者对公司并购中的市场势力理论作出了富有成果的实证研究。研究学者们通常研究反映股票价格变化的事件,通过并购企业双方、市场主要竞争对手、上下游参与者的股价超额收益率来判断企业横向并购是否会引发市场势力的出现。其中非常有典型代表性的是Kim和Singal(1993)以及国内学者李青原等(2011)的相关研究。Kim和Singal(1993)研究了并购与市场势力之间的关系;通过使用航空运输业的研究数据发现,与不受并购影响的对照组航线相比,被并购航线的服务价格显著受到了企业并购行为的影响,由并购企业提供服务的运营航线价格显著提高了。上述两位学者指出,并购或许能够提升运营效率,但总体来说,航线价格的效率增益所产生的影响更多地可能会被增加的市场势力所抵消,由此企业通过并购增加市场势力,可能并不追求提高效率,而是更加侧重巩固加强企业在其市场上的垄断地位。与此同时,一些学者却认为这些经济证据反映出市场势力作为企业并购活动的动因是复杂的,对于为了取得更大的市场势力而开展的并购,其更可能与研究选取的特定行业有关,而这些特定的行业则为企业通过并购来提高市场势力提供了积极的证据(Devos 等,2009)。对应该理论在国内的研究,李青原等(2011)使用自我国《反垄断法》实施以来第一个被否决的跨国并购事件——可口可乐公司收购汇源果汁,作为案例研究样本,通过对并购双方、市场主要竞争对手、上游公司的短期市场绩效,检验了横向跨国并购的动机;通过经验证据的分析,研究发现可口可乐对汇源果汁的收购动因并不支持市场势力理论,而是支持效率理论(体现为协同效应)。具体而言,在海外并购宣告时,并购双方的超额收益显著为正;而在宣告被否决时,双方超额收益均显著为负。以上证据对于竞争对手与上游公司的超额收益的表现也得到了假设支持,该研究指出获取协同效应是此次交易双方选择收购的动因。

(三) 效率理论

效率理论认为,企业并购不仅具有潜在的社会效益,而且通常能够改善管理层的业绩,提高并购双方的效率以及形成某种形式的协同效应。显然企业管理层的这种并购动因不仅关注行业背景、自身优势以及政府政策,还关注两家或多家企业整合后的经济收益与并购前两家或多家企业个体所获得的收益之和的比较(Larsson 和 Finkelstein,1999;Wang 和 Xie,2009)。最为常见的协同效应形式包括管理协同效应、经营协同效应以及财务协同效应,这些效应可以带来最大化的资本增值。管理协同效应来源于差异效率理论,即企业双方在管理效率上存在差异是并购的主要动因。如果收购方的管理层效率优于目标方的管理层效率,而且在并购后,收购方能够改善目标方管理效率低的问题,并逐渐使目标方的管理效率提升至与收购方管理效率一致的水平,那么并购双方都将从效率提升中获得收益,从而实现这种一加一大于二的协同效果。这种效应的实现暗示了收购方能够对过剩的管理资源进行高效的利用,将目标方的非管理性组织资本整合起来,进而使收购方的管理资本输出转换为目标方效率的提升,最终在并购主体双方的效率都得到提升的同时,获得经济收益(Larsson 和 Finkelstein,1999)。企业并购中追求经营协同效应的动因也较为普遍,经营协同效应通常是指实现协同后,企业生产经营活动中效率发生的变化以及由效率提高所产生的经济收益。这种协同效应通常包括规模经济以及企业生产过程中管理费用、运营成本的减少。通常,企业的经营协同效应也可以新古典经济学理论解释,即企业通过并购,不断对自身规模进行调整进而达到或者接近最佳的规模经济水平(Gupta 和 Gerchak,2002)。财务协同效应则来自双方并购对企业财务整体方面所产生的影响,通常可以表现为企业并购后面临破产风险的降低、融资费用的降低,以及集团间的合理避税。

(四)行业冲击理论

企业所处的行业结构可能会受到任何可预测和不可预测的外生或者内生因素的冲击,从而发生改变。这些内生或者外生的因素通常会引发行业内企业数量和规模的变化,这种行业冲击将会促使企业通过开展多元化的收购活动来进行自身调整,较为常见的因素一般包括技术的快速迭代、政策变化等。这种行业冲击通常会导致一个时期内出现大量的企业合并收购现象,进而产生并购潮。一些学者也对行业冲击理论进行了相应的研究。学者 Anand 和 Singh(1997)以美国军工行业作为研究的行业背景,其研究发现,在一个不断衰退的行业,企业通过开展多元化的收购活动,可以对现存资源进行重新利用。在这种情境下,诸如生产技术革新、规制政策的调整、组织变革导致了企业的并购活动,此时企业开展并购活动并不是为了价值创造,而是期望通过多元化并购实现企业自身的调整。Andrade 等(2001)对 20 世纪 90 年代发生的并购潮进行了实证研究,认为行业冲击、放松管制等因素是这一时期出现并购潮的主导因素。尽管行业冲击理论可以在很大程度上解释这一时期的并购活动,但从长期来看,影响企业开展并购活动所涉及的机制仍需要探索和深化。Phillips 和 Zhdanov(2013)研究发现,在技术变革的背景下,小规模企业的技术创新增长往往能够成为大型企业收购的因素,大型企业通过频繁的并购活动来获取技术资源,从而使行业的并购活动发生得更加频繁。

(五)其他重要理论

Dunning 的国际生产折衷分析框架来源于他 1988 年提出的国际生产折衷方法。他将早期的垄断优势理论、内部化理论和区位理论结合起来研究跨国公司对外直接投资的思路,已被当今学术界广泛接受,其理论也一直在不断发展和演化。Dunning(1988)指出,企业对外投资需要充分考虑三个基本条件,即所有权优势、内部化特定优势和区位特定优势。所有权优势是指企业拥有优于其他国家企业的垄断优势,如企业的规模、已经取得的经济地位、对专有资源的掌握、专有的技术、研发能力、人力资本、经营经验和商誉等;内部化特定优势是指企业克服结构性市场失效和交易性市场失效的能力;区位特定优势则是指东道国所特有的政治法律制度和经济市场条件,如东道国要素禀赋所产生的优势(如自然资源、地理位置、收入水平及市场结构等)、东道国的政治法律制度、经济政策、基础设施及文化特征等。Dunning的国际生产折衷方法可作为一个被概念化的工具,在近些年的研究中,Dunning通过吸收资源基础观、制度理论等主要观点扩展了其国际生产折衷分析方法。在某种程度上,他的国际生产折衷方法作为一种不断演进的工具,可被视作是对资源基础观(所有权优势)、制度理论(区位优势)和交易成本(内部化优势)主要观点的集成。需要注意的是,并不能单一地以Dunning的国际生产折衷分析框架解释企业的对外直接投资过程(包括跨国公司的投资动因和股权选择)。这是因为,国际生产折衷理论作为一种框架,仍然需要从整体的理论视角(如制度理论、交易成本理论、资源基础观等)去分析相应问题。

二、企业海外并购的投资动因的概念界定

已有文献中关于"企业海外并购动因"的定义和分类方式很多,其中在对外直接投资研究中,由Dunning提出的企业对外投资动因分类方法较早被学者广泛接受,并且至今仍然在跨国经营领域中占据着统治地位。在Dunning(1988)的研究贡献中,他将企业海外投资动因划分为三个最为重要的类别,即海外市场寻求动因、效率寻求动因以及资源寻求动因。在早期对海外直接投资动因类型的定义中,Dunning将海外市场寻求动因描述为,企业在保持本土市场份额的同时拓展企业海外市场,通过为新开拓的国际市场提供商品以及将本土的生产服务向海外延伸,提升其在投资东道国的市场份额;将效率寻求动因描述为企业通过对外直接投资,达到扩大企业规模经济、分散风险的目的;将资源寻求动因描述为企业通过对外投资,获得诸如矿藏、石油天然气等优质自然资源,东道国的具有熟练工作经验的劳动力、技术,以及丰富的企业管理能力等。Dunning对企业国际化对外投资动因进行的经典分类为后续学者奠定了扎实的基础。然而,在企业对外投资动因分类中,学者们也发现企业之间寻求的资源和资产过于重叠,这并不适合解释经济制度环境已经悄然发生的深刻变化。因此,在随后的理论以及概念演进过程中,Dunning于1998年首次提出了战略资产寻求动因这一概念,并将其作为企业国际化投资动因的第四类型,在这一基础上,Dunnning提出的动因分类也在不断发展演进。在当下国际商务和战略领域中,居于主流的

四类海外投资核心动因分别是海外市场寻求、战略资产寻求、效率寻求以及自然优质资源寻求。学者 Meyer(2015)指出 Dunning 在有关企业国际化动因的定义和分类方面具有非常重要的贡献,因为企业国际化行为背后的目的决定了企业绩效如何被评价。如果外国直接投资(foreign direct investment,FDI)项目是为了寻求海外市场,那么评价企业绩效的主要方法可能侧重于其在重要海外市场中占据的市场份额;如果 FDI 项目是为了寻求效率,那么评价企业绩效的主要指标可能是企业整体生产能力以及成本;如果 FDI 项目是为了寻求优质自然资源,那么利用资源的成本和资源产出的稳定性程度则是绩效评价指标。然而,也有学者如 Cuervo-Cazurra 和 Narula(2015)、Meyer(2015)指出,由 Dunning(1998)提出的有关战略资产寻求的定义过于宽泛并且是一个抽象化概念,很难用统一、简单的术语来表达。因此,后续学者在展开研究时也倾向于对战略资产寻求动因的描述进行清单式的罗列,特别是在研究新兴经济体跨国企业对外直接投资时,其体现尤为明显。当然,Meyer(2015)也指出,在当下的国际商务研究中,Dunning 对海外投资动因的分类仍然是重要的工具,只不过各种类别中的内容还需要不断完善和提炼。

针对中国企业海外并购动因类型,国内学者的有关研究成果也基本与国际上有关对外直接投资的主流文献研究成果保持一致。从中国企业海外并购动因类型来看,海外市场开拓与战略资产寻求已成为中国企业海外并购的两大动因,因此本书聚焦于这两类主要的海外并购动因。与国内外学者最新文献的研究分类保持一致,本书对海外市场开拓动因和战略资产寻求动因概念作如下描述:海外市场开拓动因,不仅体现在对销售渠道的开拓上,还体现在企业战略,以及企业对海外资源的掌控与监督上(王凤彬和杨阳,2013;Van Tulder,2015;Benito,2015)。在已有文献中,这一概念通常含有开拓新市场、新业务,获得产品的销售渠道及网络,增加市场份额,占有重要市场,新增产品线等内容。类似地,对于战略资产寻求动因,资源基础观认为具有价值的、稀缺性的、难以模仿的以及难以替代的资源是组织竞争优势的主要来源。现有文献中,战略资产是一个抽象概念,一般包括企业为增强竞争优势向外部寻求或者期望获得的战略性"资源"。其表现为获取技术资源,生产过程中所需的特定资产,关键资源、新产品、专利、高质量的互补性资产,或并购后所获得的先进管理与销售经验、品牌运营经验等(Buckley 等 2016;王凤彬和杨阳,2013;Zheng 等 2016;Boateng 等 2008)。本书后续章节将基于此概念,借鉴扎根理论进行编码并构建核心变量,论证并检验本书的研究结论。

三、企业海外并购的投资动因的经济效果研究评析

从目前的文献检索情况来看,国内学术界针对中国企业海外并购动因的经济效果的研究相对较少。在理论中,学者多运用西方的并购动因理论进行中国问题的研究,相比于西方传统并购动因理论,资源基础观在中国更具解释力度(苏敬勤和刘静,2013);有关中国企业海外并购的具体交易事件,研究方法大多以定性化的案例分析为主。通过对国内外相关文献的梳理,笔者发现在研究跨国企业对外投资动因(含海外并购动因)的经济效果方面,特别是在实证研究的主题中,学者们更多地考察研究跨国企业海外并购动因与投资区位选择、东道国生产率短期市场绩效等内容。

Makino 等(2002)利用 Dunning 的对外投资动机分类方法,从组织学视角出发,将战略资产寻求动因归为资产寻求型动因,将优质自然资源寻求动因和海外市场扩张寻求动因视为资产利用型动因,以新兴工业经济体(中国台湾地区)的 328 家企业为样本进行研究。研究发现,企业的投资动因对区位选择(发达国家和欠发达国家)具有显著影响,当新兴经济体企业的主要对外投资动因是在投资所在地寻求基于技术的资产(包括战略资产)或者是挖掘海外市场的新增机会时,企业则更倾向于选择发达国家;当投资所在地具有劳动力成本优势时,具有海外开拓市场动因的企业则倾向于选择欠发达国家。该研究将跨国企业对外投资动因与对投资所在地的区位选择相连接,并且在学术界较早地尝试检验对外投资动机的经济后果。

与之相类似的关系检验还有 Galan、Jain 等学者针对不同情境下进行的相关研究。Galan 等(2007)构建国际生产折衷分析框架,以西班牙跨国企业在欧盟和拉丁美洲地区进行对外投资的样本事件为例,研究了跨国企业区位选择的关键影响因素。该研究发现,企业的对外投资动机对投资东道国的区位选择有显著的影响。具体来说,具有战略资产寻求动因的企业,更倾向于在欧盟(发达国家)地区进行投资;具有效率寻求动因的企业,更倾向于在不发达国家进行投资;寻求海外市场扩张的动因在企业对发达国家和发展中国家的区位选择中均扮演了十分重要的作用。该研究通过理论分析与经验数据,揭示了不同对外投资动因对跨国企业区位选择决策行为的影响。这对相关的研究也具有一定的指导意义。Jain 等(2015)基于资源基础观,从印度软件行业企业的资源异质性和不同对外投资动因的交互作用的思路出发,探讨了新兴经济体国家(印度)对外投资的区位选择问题。该研究以印度软件行业的 2000—2009 年发生的 650 起

海外投资事件为研究对象,研究发现具有效率寻求动因的印度软件企业,如果具有的异质性资源越多,其核心竞争力也就越强,则越可能选择在与印度企业用工环境具有显著差异性的发达国家进行投资;具有效率寻求动因的印度软件企业,如果具有的异质性资源越少,其核心竞争力越弱,则越可能选择在与印度企业劳务用工环境、商业环境相类似的发展中国家进行投资;与效率寻求的企业相比,具有海外市场开拓动机的印度软件企业更倾向于选择发达国家。该研究指出了新兴经济体国家(印度)跨国企业海外投资动因是影响区位选择的一大因素,并且需要充分考虑国家制度环境,这在一定程度上为国际学术界提供了企业对外投资动因向经济后果转化的经验证据。

Driffield 和 Love(2007)构建了对外投资动机与东道国生产率之间的理论模型,并基于英国本土的投资数据,实证检验了外国跨国企业四种动机(主要包括技术寻求和效率寻求)对英国本国企业生产率影响。该研究发现,不同类型的投资动机对生产率溢出效应的影响存在显著差异。具体而言,具有效率寻求动机的跨国企业对英国本国企业生产率的溢出效应具有正向影响;纯粹具有技术寻求动机的跨国企业对英国本国企业生产率的溢出效应不会产生任何影响;具有所有权优势的企业的技术寻求动机对本国企业生产率的溢出效应具有显著正向影响;而具有区位优势的企业的技术寻求动机对本国企业生产率的溢出效应则具有显著的负向影响。该研究将跨国企业对外投资动因与对东道国可能产生的经济影响相联系,并且在学术界较早地尝试使用实证研究方法检验对外投资动机的经济后果,为后续学者探讨企业对外投资动因的经济效果提供了指导。

Wadhwa 和 Reddy(2011)基于 Dunning 的国际生产折衷理论,探讨了跨国企业对外投资动机(海外市场寻求动因、优质自然资源寻求动因以及效率寻求动因)对东道国 FDI 资金流入的影响。研究以跨国企业在 1991—2008 年发生在 10 个亚洲国家的海外投资事件为样本,采用面板回归方法进行了实证分析。该研究首先将 FDI 的海外市场寻求因素划分为市场规模、市场增长、国内市场结构等因素,并指出上述因素均旨在渗透东道国的当地市场;将寻求优质资源的投资划分为获得便宜的原材料、劳动力等;将规模经济、专业化以及降低生产成本视为效率追求的表现。同时,研究也指出,跨国企业对外直接投资的这三类动因对东道国的 FDI 流入均会产生显著的影响。该研究充分并且规范运用了 Dunning 提出的对外直接投资动机的分类方法,将相关经济指标分别按照每一类动机涉及的内容进行归纳,从而为研究跨国企业对外投资动因的经济影响进行了有益和探索性的尝试。这在一定程度上为国际学术界提供了企业对外投资动因向经济后果转化的经验证据。

Nicholson 和 Salaber(2013)以中国和印度 2000—2010 年的上市企业海外并购交易数据为样本(其中印度 203 起、中国 63 起),探讨了企业海外并购动因对短期市场绩效的影响,并对两国进行了差异性分析。该研究发现,具有优质自然资源寻求动机的中国企业在宣布并购后,其来自资本市场的短期累计超额收益率显著为正;具有战略资源寻求(主要为先进技术、知识)的中国和印度企业在海外并购交易宣告后,均获得了累计为正的超额收益。该研究通过比对中国和印度两个新兴市场大国的上市企业,检验了不同海外并购动因所导致的差异性经济后果(短期市场绩效),丰富了关于新兴市场国家跨国企业的海外并购动因的经济效果的研究内容。

国内学者研究跨国企业海外并购动因的经济效果的相关主题与国外学者研究,并没有明显的差异。前者只是将研究对象转换至中国的跨国企业,其研究也仍然较多地关注中国企业海外投资动机与投资区位选择以及短期市场绩效等方面内容的探讨。

在研究中国企业海外投资动机与投资区位选择方面,国内学者 Lin(2015)利用中国商务部 2003—2012 年的中国企业在拉美地区的投资数据,研究了企业异质性对企业在拉丁美洲国家的区位选择的影响。研究发现,企业对外投资动机的差异和股权性质的异质性均会对区位选择产生显著的影响。具体而言,具有海外市场开拓动因的中国民营企业更倾向于在拉丁美洲市场规模较大的国家投资;具有优质自然资源寻求动因的中国国有企业更倾向于在拉美地区资源相对丰富的国家投资。

在研究中国企业海外投资动机与短期市场绩效方面,国内学者作了诸多有益的探索。例如,学者王海(2007)在研究了联想并购 IBM 的 PC 业务后指出,收购方的联想集团在并购后来自资本市场的短期累计超额收益率显著为负,其财务指标反映出的长期绩效也不断下滑,其海外市场扩张、拓宽市场渠道以及技术获取等投资动因所转化的投资效果有待考察。王立新等(2011)研究了中国铁建和铜陵有色联合收购厄瓜多尔铜矿单笔海外并购交易事件的动因以及短期的市场反应。该研究通过案例研究方法,分析得出结论,该笔联合海外并购交易事件的最主要动因是扩大市场占有率,以此开拓国际市场,通过扩大市场规模来增添企业盈利增长点。该研究还发现,该笔海外并购事件给中国企业的联合收购方带来正的股东财富效应,收购方获得了正的累计超额收益。学者邵新建等(2012)较早地运用截面回归分析方法,依据相关研究目的,对中国企业跨国并购动因作了简要的分类,通过虚拟变量对其量化,进而探讨了中国企业海外并购动因与市场短期绩效的关系,该文刻画研究变量的部分对本书的研究设计具有较强的启发意义。另外,学者王凤彬和杨阳(2013)的研究创新地将中国企业对外投资动因进行可操作性的构建,克服了以往国内学者对投资动因的多案例分析方法的不足以及大多仅仅停留在对动机差异的探讨上的弊病,转而在理论分析的基础上,实证分析了中国企业战略资产寻求型动因和传统型对外投资动因的分化表现以及价值创造效应。该方法为学界以实证方法分析企业投资动因对投资效果的影响奠定了基础,并且该方法对本研究具有一定的借鉴意义。

第三节 企业海外投资动因对股权选择影响的相关研究

一、国内外学者研究评析

从现有的文献检索情况来看,跨国企业海外并购动因对股权选择影响的相关研究尚未引起学术界的足够重视,国内外涉及的相关文献非常少且基本的理论分析框架仍未建立。具体来说,通过检索国内学者的研究成果,发现尚未有学者涉及"中国企业跨境并购项目的投资动因对股权选择影响"研究,而国外的相关研究成果,也主要集中于以下几篇文献。

Yu等(2015)研究了跨国企业对外投资动因、市场治理与股权选择之间的关系,他们从不完全契约视角,拓展了制度经济学在国际商务研究中的应用。通过547家在马来西亚和泰国制造行业的跨国企业海外子公司的研究样本(其中泰国230家、马来西亚317家),他们具体探讨了东道国制度差异性对跨国企业海外子公司股权选择的重要影响,以及对跨国企业投资动因与海外子公司股权进入模式两者关系的调节作用。研究发现,具有海外市场开拓动因的跨国企业更倾向于合资的股权策略选择;具有自然资源寻求动因的跨国企业同样也会选择合资的股权进入模式。然而,东道国制度发展水平、经营环境作为重要的情境变量,将会显著调节上述两者之间的关系。具体来说,随着市场治理能力的不断增强,具有海外市场动因的跨国企业对海外子公司采用合资模式的倾向会更明显,但资源寻求动因跨国企业选择合资模式的倾向会弱化。需要说明的是,考虑到马来西亚和泰国的国家制度差异因素,该研究在对跨国企业对外投资动因的刻画中,将传统对外投资的四类重要动因(海外市场开拓动因、战略资产寻求动因、效率寻求动因动因、自然资源寻求动因）简化为在发展中国家比较重要的两类对外投资动因，即海外市场开拓动因和自然资源寻求动因。因此，该文的研究设计对本书的研究具有一定借鉴意义。

Gubbi（2015）研究了印度上市跨国企业的海外并购动因、议价能力与股权选择之间的关系，他从资源基础观以及 Dunning 提出的国际生产折衷理论角度出发，以 2000—2010 年印度上市公司在海外并购的 979 起交易事件作为研究样本（其中，对发达国家开展的海外并购交易事件为 700 起，对发展中国家开展的海外并购交易事件为 279 起），具体探讨了印度上市公司的海外并购动因对海外目标企业股权选择的重要影响，以及议价能力对企业海外并购动因与股权选择两者关系的调节作用。研究发现，海外市场开拓导向型的印度上市跨国企业的海外并购更倾向于选择全资的股权策略作为其核心策略，具有战略资产寻求动因的印度上市跨国企业则更倾向于选择合资的股权策略。然而，作为海外并购方的印度上市企业，能够凭借自身良好的经营绩效增进其在海外并购过程中的议价能力，从而能够显著地调节企业海外并购动因与股权选择决策之间的关系。该研究为学术界进一步研究跨国企业海外并购动因与股权选择之间的关系奠定了基础。正如研究中提到的，印度 2000 年后的企业对外投资数量和金额迅速攀升，特别是在海外并购中，作为新兴市场国家中的典型代表，印度已成为国际市场中最为活跃的海外收购国家之一，其跨国企业与发达国家的跨国企业相比，本身也存在着所有权劣势和新进入者劣势。学者 Gubbi 的研究也为本书的研究提供了具有启发性的思路。

Dadzie 等（2016）主要以在非洲新兴市场国家加纳进行对外直接投资的国际跨国企业为研究对象，通过 1994—2013 年在制造行业的 115 起投资交易事件，对跨国企业在加纳的三种主要对外投资动因与海外子公司股权选择之间的关系进行了实证研究。该研究从 Dunning 的国际生产折衷理论出发，解释了跨国企业对外投资动因对海外子公司的股权选择带来的影响。研究发现，具有效率寻求动因和自然资源寻求动因的跨国企业更倾向于选择合资子公司这种进入模式。然而，具有海外市场开拓动因的跨国企业更倾向于选择全资子公司这种进入模式的研究假设没有得到实证支持。此外，作者同时指出，加纳本身并不具有技术、研发等优势，因此在研究中没有讨论跨国企业另外一类极其重要的海外投资动因，即战略资产寻求动因。该研究指出了跨国企业海外投资动因是影响股权进入模式的一大影响因素，并且充分考虑到加纳自身的国家制度环境，这在一定程度上为国际学术界提供了有关非洲经济体国家的经验证据。

二、本书的研究可能突破的方向

对现有跨国公司海外投资中股权选择问题的研究的不足进行潜在的机会挖掘，构成了本书可能突破的方向，具体而言有以下几点。

首先，通过对跨国企业海外投资股权选择的影响因素的西方重要文献和国内相关文献进行回顾和梳理，笔者发现现有的研究偏重从交易成本理论或制度理论的角度去关注该问题，整合性的研究较少。例如，从交易成本角度来说，关于企业海外投资中的股权选择问题的研究，基本在遵循交易成本理论两个重要假设（机会主义和有限理性）的前提下开展，后续的学者亦遵循此思路去拓展交易成本的分析框架或者对假设展开探讨；从制度理论的角度来说，有关该问题的研究，其基本逻辑是：跨国企业进入海外市场时，由于制度环境的不同，企业面临各方面的制度压力，为了获得外部乃至组织内部的合法性，或为了不影响企业的投资经营效率，企业科学地选择相应的股权进入模式。

其次，从跨国企业海外投资股权选择的影响因素的实证文献、主流的交易成本理论的因素来看，影响海外股权选择模式的主要决定性因素有东道国风险、不确定性、资产专用性程度、研发投入强度、在东道国的国际化经验、母国与东道国之间的文化差异等。从制度理论视角来看，影响海外股权选择模式的有东道国的法律限制程度、东道国风险、制度压力（规制压力、规范压力）、文化距离、国际化经验等。从近期兴起的多元化理论视角来看，资源基础观所强调的企业专用资源、国际生产折衷理论框架下的市场竞争程度也是影响海外投资股权选择的关键性决定因素。通过回顾和梳理相关文献，笔者发现已往研究偏重从交易成本理论或者制度理论出发，关注宏观层面的普遍因素以及共同规律，对微观层面的影响因素关注并不充分。即使近期学者们从多元化的视角去探讨微观层面的因素，也仅仅局限于企业层面常见的重要特征，如公司治理方面的重要指标，而缺乏对微观企业主体深层因素的独特性挖掘。

再次，从跨国企业海外投资动因的经济效果来看，以往国外学者对海外投资动因的经济效果的研究主要从短期市场绩效、投资者反应、投资动因对东道国区位选择、生产率的影响出发。然而，有关企业海外投资动因转化为投资效果的过程机制的探讨，尚未得到国内学术界足够重视。

最后，通过对国际学界相关研究的前沿动态的追踪（Yu等，2015；Gubbi，2015；Dadzie，2016；王凤彬和杨阳，2013），本书也发现了一些独特的研究机会。一是，国内学者尚未对"中国企业跨境并购项目的投资动因对股权选择决策的影响"这一重要问题进行研究,而国外相关研究也罕见,通过借鉴少量的前沿研究,可以将新兴市场国家跨国企业,特别是中国跨国企业作为对象,进而展开情境化的植入研究;二是,本书以当下中国企业海外并购的两大主要投资动机为出发点,在总结现有交易成本理论和制度理论对企业海外投资的股权选择的影响因素的研究成果基础上,引入资源基础观这一在中国情境下具有对企业海外并购动因较强解释力的理论(苏敬勤和刘静,2013)。从资源基础观角度出发解释中国跨国企业的海外并购动因的经济效果,以厘清微观主体的深层独特性的重要因素与海外投资股权选择之间复杂的因果关系,进而形成本研究可能的突破方向。

第四节　本章小结

本章第一节首先介绍了跨国企业海外投资中的股权选择相关研究时所运用到的主要理论,如制度理论、交易成本理论;其次对与本书研究主体相关的"股权选择"概念进行了解释、说明以及界定;最后着重对企业海外投资中股权选择影响因素的现有文献进行了评析。本章第二节采用同样的逻辑对跨国企业海外并购的投资动因相关研究进行了回顾与述评,包括企业海外并购投资动因的理论基础、概念界定以及经济效果研究评析。本章第三节重点对现有研究存在的不足以及本研究可能的突破方向进行了阐述。

本章的文献回顾与述评,不仅聚焦了本书"企业跨境并购项目的投资动因对股权选择的影响"这一问题,而且为本书第三章理论模型和研究假设的提出奠定了重要的理论基础和文献基础。

第三章 理论模型与研究假设

第二章对有关海外并购股权选择与跨境并购项目的投资动因的研究文献进行了系统的梳理和评论,并对本书研究的理论基础进行了铺垫。本章将通过对理论模型的构建和研究假设的推导,为后续章节的实证分析奠定基础。

第一节 理论推导与模型构建

一、企业海外投资动因类型对股权选择的作用机制

跨国企业的对外投资动因一直是跨国经营研究中的重要组成部分,跨国企业海外并购项目的投资动因对目标方的股权选择的作用机制,主要表现在以下两个方面:一是从战略决策过程来看,企业的不同战略类型会引致不同的行为。与其研究逻辑相似,具有不同类型海外并购动因的企业在国际化过程中的经营行为也具有显著的差异性(Pananond,2015;Benito,2015;Giroud 等,2015)。例如,具有海外市场开拓导向型动因的企业会不断地扩张海外重要市场,将自己生产的产品和提供的服务向国外市场延展,增加海外消费市场的客户群,不断提升海外销售份额,从而保持其在行业内的领先地位;具有战略资产寻求动因的企业则集中于获取和利用海外目标企业技术、专利、声誉资源(如品牌)等创造性资产,以此来快速提升和获得竞争优势(Meyer,2015)。企业国际化的背后往往具有明确的目的性和理性的目标导向,会对后续的经营行为产生影响。二是企业的海外经营活动是通过合适的股权进入模式开展的。具体来说,股权选择反映了收购方对目标方股权比例的一种安排,从交易成本理论来看,股权选择是企业对资源投入和回报、收益和风险综合权衡后的一种结果,这种交易构成了组织制度的实际运转。由此可以反映出,企业国际化经营行为的背后往往隐含着企业的投资动机,而企业投资动因的实现先要考虑对海外目标企业的股权安排,在对

股权合理安排的基础上完成收购交易活动,进而形成与不同类型动因对应的差异化经营活动(Cuervo-Cazurra 和 Narula,2015)。综上所述,企业的海外投资动因会映射到股权选择决策方面,进而又会对企业海外并购后续的整合和经营活动产生影响。

二、企业异质性资源和制度环境在其中的约束作用机制

从资源基础观的角度来看,企业在国际化过程中需要具备调整、建立和重组内部及外部组织资源、知识技能和职能的能力(Barney,2001)。资源来源可以从企业内部逐渐积累,亦可在组织外部中寻找,尽管企业能够通过海外并购方式向外寻求资源,但是仍然需要以企业已有的资源基础作为保障。从已有文献来看,创新资源(技术创新能力或研发能力)无疑是企业最为重要的异质性资源之一,企业自身研发水平的高低对海外战略资产的获取、引进、吸收及转化产生了重要影响,特别是新兴市场国家企业通过海外战略资产的积累能够克服国家化过程中的所有权劣势。另外从交易成本理论考察,研发能力代表企业的资产专用性程度,对海外投资股权模式的选择具有极其重要的影响。资源基础观认为,企业需要具备资源和能力来维持和创造竞争优势,而这种能力通常也包括对具体新产品和流程利用、企业研发能力、营销能力以及与之相关的经营能力等(Oliver,1997)。已有研究表明,总体上,企业拥有的良好盈利能力通常会让合作方、市场各相关利益主体给予企业积极的评价,能够相对改善新兴市场国家跨国企业在国际市场上所处的相对劣势地位,在海外投资过程中其盈利能力的增强能够增加其在谈判中的议价能力,也为投资企业提供更多股权选择方式的可能(Moatti等,2015;Norbäck 和 Persson,2008)。因此,在企业国际化过程中,企业将海外投资目的转化为投资效果的机制,自然会受到其自身现有资源基础的约束。据此,本书选取了两种在学术界普遍受关注的企业内部异质性资源,即研发能力和盈利能力,来考察组织已有的资源基础对企业海外并购动因与股权选择之间关系的约束作用。

企业在进行海外投资时又必然会受到外部制度环境变化的影响(Meyer 等,2009)。从国际生产折衷理论来看,早期的文献认为在跨国企业的对外投资决策和行为中,制度在跨国企业对外投资中往往扮演着背景或者道具的角色,并且通常被视为静态和稳定的。然而,从制度理论来看,企业的对外直接投资(海外并购是最为重要的投资方式之一)不仅需要考虑企业所在的行业因素以及自身的资源、能力等要素禀赋,其组织的战略选择本身也是在特定制度环境下对正式约

束和非正式约束的一种反映(Peng 等,2008;Demirbag 等,2007)。例如,跨国企业母国与投资东道国间的制度环境和组织之间的差异,必然会使企业的战略和行为受到来自政治、经济以及文化层面的制度约束。因而,在组织与制度的动态交互影响下,企业就需要考虑制度环境对其战略和行为的影响。鉴于此,本书选取了受到学界普遍关注的企业产权背景、所处的行业情境、东道国区位差异以及母国与投资东道国之间的经济制度差异等因素,来考察外部制度环境对企业海外并购动因与股权选择之间关系的约束作用。

三、理论模型构建

在第二章中,笔者对相关理论进行了理论分析,重点阐述了本书需要使用到的资源基础观、制度理论和交易成本理论,搭建了"三支柱"理论分析框架。其中,海外并购的股权选择和制度环境因素主要由交易成本理论和制度理论支撑;跨国企业海外投资动因主要由资源基础观支撑;企业异质性资源主要由资源基础观和交易成本理论支撑。在此基础上,本章第一节概述了企业海外投资动因对股权选择的作用机制。为更加完整地分析两者关系,本书进一步考察企业资源基础和制度环境因素对上述两者关系作用机制的约束作用,进而全面地构建本书的理论研究模型,如图 3-1 所示,以期帮助学术界和企业界后续对该问题进行更深入的研究。

第二节 研究假设推导

根据第二章企业跨境并购项目的投资动因类型划分的文献可知,企业海外并购的主要动因通常可以概括为对海外市场开拓的需求、对优质自然资源的需求以及对企业效率的寻求(Dunning,1998)。2006 年世界投资报告明确将战略性资产寻求动因列为与前三种主要对外投资动因并列的第四种动因(Yu 等,2015;王凤彬和杨阳 2013)。由于新兴市场国家海外并购交易数量快速攀升,已有的并购动因理论并不能很好地解释来自新兴市场国家的海外并购动因(苏敬勤和刘静,2013),一些学者尝试运用资源基础观对新兴国家跨国企业的海外并购动因进行研究。从本质上看,资源基础观视角下对海外并购动因的解释与主流的对外直接投资理论是兼容的(Gubbi,2015;Yu 等,2015;Zheng 等,2016;Nicholson 和 Salaber,2013;Lahiri 等,2013)。例如,学者 Zheng 等(2016)指出

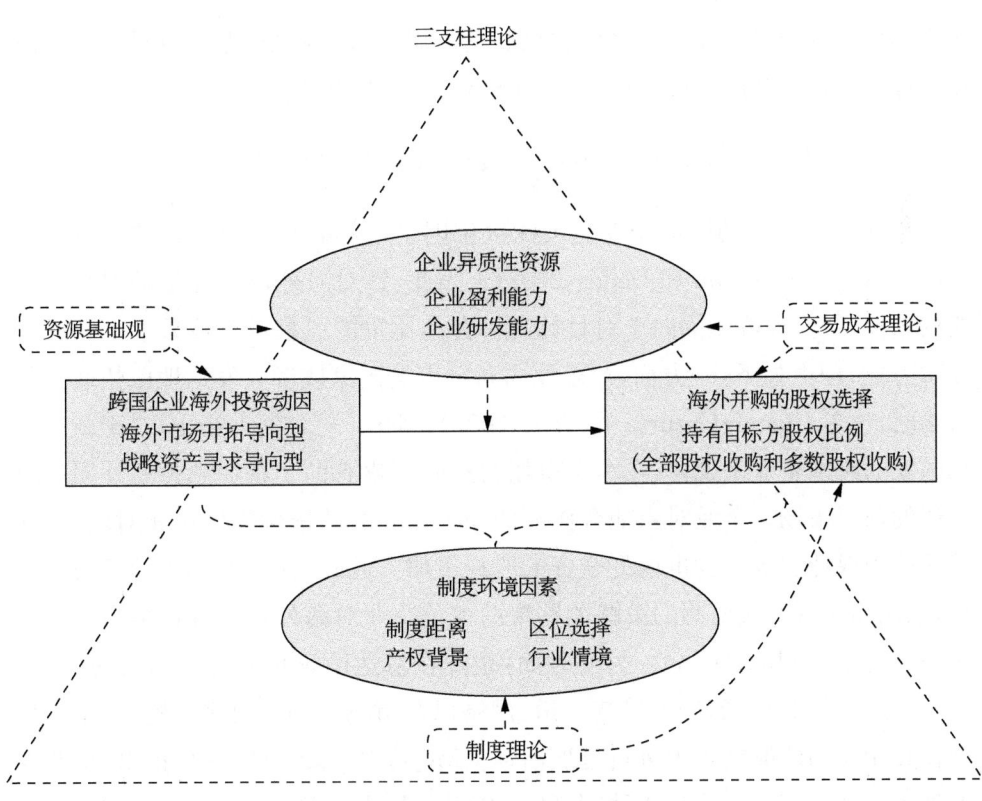

图 3-1 本书的理论研究模型

对战略资产的寻求已经受到越来越多中国企业的关注。此外，王凤彬和杨阳（2013）研究指出，对海外新市场的寻求也仍然是新兴市场国家开展海外并购的主要动因之一。相对于发达国家企业，对效率的寻求动因不太可能是驱动新兴市场的跨国企业对外直接投资的主要动因，并且对效率的寻求往往是企业在开拓市场、获取资源且不断整合后所自然产生的一种结果（Buckley等，2007）。对于部分企业存在对优质自然资源寻求的动因，Gubbi（2015）指出，在股权选择的决策过程中，自然资源寻求动因很可能扮演着并不重要的角色，因为对自然资源的寻求通常可以合同采购或者直接与东道国谈判方式进行。此外，寻求自然资源的跨国企业通常在选择上受到更多限制。例如，自然资源在地理上不是均匀分布的，易受外生天然环境的影响。更为重要的是，近年来，新兴市场国家企业，特别是中国企业不仅关注对自然资源的寻求，还关注对海外发达国家市场的战略资产（如技术资源、研发、品牌推广、管理经验等）的寻求。据此，本书聚焦中国企业海外市场开拓和战略资产寻求这两类主要的海外并购动因，不考虑以自然资源寻求为动因的样本事件。本书以下结合相关研究文献，从海外市场开拓导向型和战略资产寻求导向型这两类核心动因展开假设推演,尤其对异质性资源在企业海外投资动因与股权选择之间的影响进行假设推演。

一、企业海外投资动因类型对股权选择的影响效应

海外市场开拓动因的企业更关注区位因素,例如,目标方所在的市场区域(Dunning,1998;Anand 和 Delios,2002)。因此,针对海外市场开拓动因企业的股权选择,企业很可能倾向于对目标方持有高比重的股权份额或采取全部股权收购方式,理由如下:一方面,当企业向新兴市场国家或者欠发达地区拓展海外市场时,学者 Cuervo-Cazurra 和 Genc(2008)、Meyer 等(2009)指出,对于新兴市场国家的跨国企业来说,其在本土市场的经验积累有助于企业熟悉海外同类或类似的新兴市场。企业对当地合作方的知识与经验的依赖程度也相对较少,在并购后为保持有效运营也偏爱全资的股权策略。此外,在制度环境较薄弱的区域,采用高比重股权份额的策略能够帮助本土企业对海外资产进行更为有效的管理与控制(Gubbi,2015)。另一方面,企业在发达国家拓展海外市场时,一般有机会进入细分市场,获取销售渠道、网络以及市场中的重要客户资源,也有机会在其相应的价值链条中进行延展活动。Meyer 等(2009)进一步指出,企业在海外市场规模、服务范围不断扩大和延伸的同时,为追求较好的协同效应以及互补需要,也会要求资产由一方进行管理。例如,2016 年中国上市公司第一笔海外并购交易:中国青岛海尔股份有限公司(以下简称"海尔")收购美国 GE APPLIANCES 公司(以下简称"GE 电器")100%股权。公告显示,在此次海外并购交易中,海尔看重的是 GE 电器在北美地区的市场占有率。当时,海尔在美国市场的份额只有 1.1%;相比之下,GE 电器在美国市场占据了将近 14%的份额,海尔希望通过对 GE 电器采用全部股权收购的方式,更好地提升其在美国市场中的份额。又如,在 2015 年 11 月中国上海巴安水务股份有限公司(以下简称"上海巴安水务")通过海外并购方式收购奥地利 KWI 集团公司(以下简称"KWI")100%股权的交易事件中,上海巴安水务可以获得 KWI 的现有完善的水处理设备产品链,并能够在这一细分市场立即取得竞争优势。与此同时,对上海巴安水务来说,KWI 多年的成功案例和广大的客户群将为公司日后进军欧美、南美和东南亚市场奠定更加坚实的基础。此外,发达国家市场本身对新兴市场国家的跨国企业有"新进入者劣势"的印象,这使具有海外市场开拓动因的企业在发达国家中找到一起共同承担风险的目标方是非常困难的(Gaffney 等,2016)。因而,企业自身也不得不提高对目标方的股权参与程度,进而选择全部

股权收购方式或者采用较高比重的持股份额策略。

与具有海外市场开拓导向动因的企业相比,具有战略资产寻求动因的企业不仅关注目标方市场区位,而且关注目标企业的自身优势。企业战略资产寻求中的一个至关重要的问题是:由于战略资产是企业层面的资源和能力,其通常难以交换、模仿,且资产专用性较强,一般很难在组织间转移。因此,学者 Chen (2008)曾指出,具有战略资产寻求动因的企业,对目标方采取独资模式要优于合资模式。然而,本书认为,作为新兴市场国家企业的中国企业在进行战略资产收购时,为了达到其目的,可能不会选择高比重控股的策略。其理由如下:首先,已有研究指出发达国家的市场通常与优质的资源和能力紧密相连,新兴市场国家企业寻求的战略资产通常很难在本国或类似市场得到,进而需要去发达国家市场寻求(Zheng 等,2016;Meyer,2015;Cui 等,2013)。然而,新兴市场国家的跨国企业在海外投资中却面临着更大程度的新进入者劣势影响,目标方通常不情愿被完全控股或者接受高控制的股权策略。因此,来自新兴市场国家的跨国企业很可能为了实现战略资产寻求的计划而向目标方妥协(Contractor 等,2014)。例如,在 2012 年上市公司苏州金螳螂建筑装饰股份有限公司(以下简称"苏州金螳螂公司")收购美国 HBA(Hirsch Bedner Associates Design Consultants)公司 75%股权的交易事件中,苏州金螳螂公司看重的是美国 HBA 公司的世界顶级设计品牌,该品牌对于国外业主接受中国装饰施工企业具有重要宣传及促进作用。苏州金螳螂公司希望通过部分股权收购的方式有效化解文化隔阂及品牌认知偏见造成的国外项目壁垒,从而实现苏州金螳螂公司迅速、高效地走向世界的战略目标。又如,中储发展股份有限公司 2015 年 9 月收购 Henry Bath & Son Limited 集团 51%的股权,以期学习其在英国 200 多年的金属仓库管理经验和获取该集团在欧洲的多个国际主要有色金属期货市场牌照。其次,Gubbi (2015)研究发现,被收购企业的战略资产越多,未来的发展潜力越大,那么竞标的收购企业也会越多,被收购企业可以通过延长谈判在多家收购方中选择最优的并购交易。然而,新兴市场国家的跨国企业在面临自身约束以及相对优势缺乏的情况下,很可能为了快速完成交易而暂时中止对被收购方股权采取完全收购的策略。最后,对于有战略资产寻求动因的企业,尽管一些学者认为,其海外并购采取的全资方式要优于合资方式(Anand 和 Delios,2002,Chen,2008),但是来自新兴市场国家的跨国企业很可能会对目标方在股权选择上作出妥协。虽然这会降低投资和获取战略资源后所产生的回报,但已经建立起的资源依赖关系也将为后续双方合作带来更大的灵活性,同时也为收购方下一步的增持留下空间。例如,2015年中国西安陕鼓动力股份有限公司(以下简称"陕鼓动力")收购捷克EKOL公司,陕鼓动力极其看重EKOL公司的技术实力并希望通过收购实现与陕鼓动力原有汽轮机技术互补,从而协同发展,故陕鼓动力先行收购EKOL公司75%的股权。投资备忘录显示,在今后陕鼓动力业务发展达到相应要求后,双方拟同意通过行使期权的方式完成剩余的25%股权收购。综合以上分析,本书提出以下假设。

假设H1:其他条件相同时,相对于战略资产寻求动因的企业,具有海外市场开拓动因的企业更倾向于较高的股权并购比例。

二、异质性资源在企业海外投资动因与股权选择之间的影响

(一)盈利能力对企业海外投资动因与股权选择关系的影响

企业拥有的良好盈利能力通常会获得合作方、市场各相关利益主体的积极的评价,能够缓和新兴市场国家跨国企业在国际市场上所处的相对劣势地位(Moatti等,2015),进而为收购方的股权选择提供更多可能。

具体而言,对于具有战略资产动因的企业来说,一方面,随着企业盈利能力的不断提升,新兴市场跨国企业可以凭借其良好的经营记录取得一个相对优势的地位,通过跨境传递将技术、知识、能力内部化,企业也逐渐会拥有更强的市场势力(洪联英等,2015),进而企业增持股权的意愿也可能会表现得更加强烈。另一方面,新兴市场国家的跨国企业有优势去应对高速增长的变化,在这种动态环境中,拥有战略资产的目标方通常以技术资源、营销经验、管理能力与收购方建立各方面的良好合作关系(Gubbi,2015)。Boateng等(2008)指出当双方互相合作产生优势时,彼此间资源依赖程度的不断增加可能会使双方经营过程中产生的分歧范围缩小,摩擦也很可能相应减少,实体间的合作意愿会进一步增强。此时,具有战略资产寻求动因的企业也更倾向于继续向目标方增持其股权,增加对目标方的股权比重。然而,与具有战略资产动因的企业对比,就具有海外市场扩张动因的企业而言,如果目标方位于发达国家,新兴市场国家的海外企业盈利能力的不断增长也将会对目标方释放出积极信号,进而可以缓解目标方对预期业绩的疑虑(Moatti等,2015)。来自新兴市场跨国企业的盈利水平的提升也会反映出潜在的增长机会和广阔的市场发展空间,在此环境中,发达国家的目标方必将注入更多的资金,与新兴市场的收购方保持更为密切的联系,以此来巩固和扩大市场份额。此时,具有海外市场扩张动因的企业,其高比重持股或者完全控股

的方式很可能发生改变(Contractor 等,2014;Yu 等,2015;Buckley 等,2016)。类似地,如果目标方位于发展中国家,新兴市场国家跨国企业拥有的良好盈利能力很可能在谈判中占据优势地位,也很可能降低对目标方资产的依赖程度,目标方也倾向于同具有良好盈利能力的收购方组成合作团队去相互学习、提升效率(Cuervo-Cazurra 和 Genc,2008)。这时,目标方很可能会倾向提高股权参与度,而此时收购方也乐意通过减少股权比重来增加收购方的流动性(Gubbi,2015)。在此环境中,随着收购方盈利能力的提升,具有海外市场开拓动因的企业很可能会降低股权比重,调整高比重的股权选择策略。综合以上讨论,本书提出以下研究假设。

假设 H2:其他条件相同时,盈利能力可以显著地调节企业海外投资动因与股权选择之间的关系。与战略资产寻求动因的企业相比,随着企业盈利能力的不断提升,具有海外市场开拓动因的企业,其股权并购比例较高的行为相对会被削弱。

(二)研发能力对企业海外投资动因与股权选择关系的影响

一般而言,企业的研发投入活动将会增加企业开展并购活动的可能性,研发能力强的企业往往利用自身技术优势实现对外投资收益的最大化(Dunning,1998)。然而,相较于发达国家的跨国企业,新兴市场经济体的跨国企业通常并不具有足够的技术优势。从资源基础观的角度来看,技术资源和能力对企业产生潜在价值,但是潜在的价值需要获取一系列的互补性资产并进行转化实现,并购就是一种有效便捷的方式。中国企业以海外并购方式获取发达国家企业技术,借此跨越企业技术创新的鸿沟,实现技术追赶并增强企业国际竞争力。但这并不是说新兴市场国家,特别是中国,其企业自身的研发能力培育就不重要,因为企业自身研发能力的强弱决定了其对目标方技术资源、互补性资产的引进、吸收能力(Wang 等,2012)。另外,对外界知识的认知、引进、消化也取决于企业自身的技术吸收能力(吴先明和苏志文,2014),而后者又来源于研发资源投入后不断的经验积累。因此,缺乏技术优势的新兴市场国家跨国企业,在对外获取技术时,必须重视对自身研发能力的建设,而这恰恰是吸收外部技术资源所必须具备的条件。

已有文献表明,研发投入隐含在企业主体的生产过程之中。企业的研发能力越强,相应的研发投入强度通常越大,其资产专用性程度也就越高(徐虹等,2015)。跨国企业的资产专用性程度越高,其海外并购股权策略选择越倾向于选择全资模式或者高控制的股权进入模式。如果企业的研发能力对股权选择具有正向影响,那么这种企业能力对海外并购动因与股权选择之间的关系也可能会产生进一步的影响。已有研究发现,企业所拥有的良好研发能力通常会获得合作方较为正面的评价,能够相对提升新兴市场国家跨国企业在国际市场上所处的地位,进而为收购方的股权策略选择提供更多的可能(Cui等,2013)。具体而言,对于具有战略资产导向型动因的中国企业来说,随着技术创新能力的不断提升,它们可以凭借自身技术优势去克服可能面临的所有权劣势,并购企业向合作方获取期望的技术可能性也会增大。此时,收购方能够更好地对目标方与自身的技术进行吸收、利用和转化,在整合目标企业技术资源的同时也能够迅速增强自身的研发能力,企业增持股权的意愿也可能会表现得更加强烈。此外,企业自身研发能力越强,其对目标方技术资源和互补性资产的引进、吸收能力也就越强(Owen和Yawson,2015)。在这种环境下,拥有战略资产的目标方通常也能够通过技术资源、技术互补等优势与收购方建立更为紧密的联系,具有战略资产寻求动因的企业也更倾向于继续对目标方增加持股比例。与具有战略资产寻求导向型动因的企业对比,具有海外市场扩张动因的企业的目标方如果位于发达国家,那么来自新兴市场国家的高资产专用性投入的企业将会对被收购方释放出积极信号。新兴市场跨国企业的资产专用性程度越高,在此环境中,发达国家的目标方越乐意与新兴市场的收购方保持更为密切的联系,以此来巩固双方的合作。如果目标方位于发展中国家,新兴市场国家跨国企业拥有的良好技术能力很可能在谈判中占据优势地位,对目标方资产的依赖程度可能降低。从交易成本理论视角来看,研发能力代表资产专用性程度,如果跨国企业具有技术优势,那么企业还需要培训发展中国家目标企业员工所需要具备的技术和工艺流程,但受到知识惯性的影响,让发展中国家的目标方通过技术培训帮助收购方更好地开拓海外市场,有时可能并不容易(刘兴亚等,2009),因为这将会导致各项费用支出(如培训成本)的增加。在此环境中,随着新兴市场国家的收购方自身技术能力的提升,具有海外市场开拓动因的企业很可能会降低股权比重,调整高比重的股权选择策略。综合以上讨论,本书提出以下研究假设。

假设H3:其他条件相同时,企业研发能力可以显著地负向调节企业海外投资动因与股权选择之间的关系。

三、制度环境在企业海外投资动因与股权选择之间的影响

(一)经济制度距离在企业海外投资动因作用于股权选择中的影响效应

经济制度距离(差异)作为一项重要的制度差异,无疑会引致跨国企业海外

并购交易的复杂性。组织的战略选择本身也是一种在特定制度环境下对正式约束和非正式约束的反映，因而，在组织与制度的动态交互影响下，企业就需要考虑制度环境对其战略和行为的影响。本书的假设 H1 曾提出，在其他条件保持不变的情况下，相对于战略资产寻求动因的企业，具有海外市场开拓动因的企业更倾向于较高的股权并购比例。在此基础上，本书进一步将宏观制度因素纳入分析。本书认为，母国与东道国之间的经济制度环境差异越大，相对于战略资产寻求动因的企业，具有海外市场开拓动因的企业倾向于较高的股权并购比例的效应越会得到显著的强化。换言之，在其他条件相同时，经济制度距离可以显著地正向调节企业海外并购动因与股权选择之间的关系。理由如下：正式制度距离会给跨境收购者带来许多障碍，因而对于收购方来说，特别是当企业面临外部的不确定性和挑战不断增加时，熟悉并去克服母国与东道国之间的制度差异是其在海外并购过程中必须要面对的。当企业面对制度差异时，企业需要调整自身行为以获得其在东道国的合法性，并且需要适应当地目标方员工和股东方面的诸多差异（Elango 等，2013）。合法性将有助于收购方相对方便地在组织间跨境传递知识、技能、资源，并且也有利于降低其在并购整合过程中可能存在的风险以及双方整合的复杂程度。当标的企业所处的东道国的制度环境不完善时，例如，在低效率的资本、劳动力以及产品市场环境中，企业在保护被收购的资产、技术等方面可能会面临更多的困难（林季红和张璐，2013），组织还需要学习如何去应对腐败、产权保护不利等事宜。为了能够较好地应对这类制度环境，收购方将会显著地依赖当地合作伙伴的知识以及东道国的资源（Li 和 Li，2010），主要依赖被收购企业与当地所建立起的各种社会连带（Contractor，2014）。因此，为充分利用资源和确保并购整合的顺利运行，收购方也倾向于采用部分股权收购方式。反之，收购方则可能采取全部股权收购方式或全资模式。因而，经济制度距离对中国企业海外并购的股权选择可能会产生显著的正向影响。

进一步地，制度搭建了交易发生的情境架构，中国与投资东道国之间的经济制度距离越大，其与东道国经济环境的异质性也越大，可利用东道国经济环境的机会也越多。对于具有战略资产寻求导向的企业而言，它们在海外投资中面临着更大程度的新进入者劣势影响，目标方也更加不情愿被完全控股或者接受高控制的股权策略。因此，来自新兴市场国家的跨国企业很可能为了实现战略资产寻求的计划而强化向目标方达成妥协的行为；对于新兴市场国家的跨国企业来说，其在本土市场的经验积累对熟悉海外同类或类似的新兴市场具有重要的帮助作用。企业对当地合作方的知识与经验的依赖程度也相对较少，在并购后为保持有效运营,企业也偏爱高比重的股权策略(Gubbi,2015),特别是在经济制度环境较为薄弱的区域,采用高比重股权份额的策略能够帮助本土企业的海外资产进行更为有效的管理与控制。对于发达国家市场而言,经济制度环境的巨大差异将会加深对来自新兴市场国家的跨国企业的"所有权劣势"的印象(Gaffney 等,2016),致使具有海外市场开拓动因的企业在发达国家中找到一起共同承担风险的目标方愈发困难。因而,企业自身也不得不维持或者继续提高对目标方的股权参与程度。综合以上讨论,本书提出以下研究假设。

假设 H4a:其他条件相同时,经济制度环境差异越大,中国跨国企业对投资东道国目标企业的股权并购比例就越高。

假设 H4b:其他条件相同时,经济制度距离可以显著地正向调节企业海外投资动因与股权选择之间的关系。也即,随着中国与投资东道国经济制度距离(差异)的增大,与战略资产寻求动因的企业相比,具有海外市场开拓动因的企业,其股权并购比例较高的行为则相对会被强化。

(二) 产权背景的约束效应

企业海外投资动因对股权选择的影响,最终会受到制度环境的制约。从母国的制度环境来看,企业性质无疑是企业最为重要的制度安排之一,可能会影响企业海外并购动因对股权选择的作用。相对于国有企业来说,非国有企业的海外并购动因对股权选择的影响可能更大。中国的非国有企业与国有企业在当下的制度情境下存在诸多显著的差异,尤其在企业拥有的资源和能力两个方面表现得非常明显。在中国的制度环境下,地方政府对国有企业的政策支持力度要高于非国有企业,主要表现在对企业的资金支持力度(企业面临的融资约束)、市场开放程度以及政府的审批许可方面(Guo 等,2016)。从中国企业对外直接投资来看,由于早期受到国家政策支持,国有企业是"走出去"的主要力量。通常来说,国有企业较少地受到资源限制(如融资约束)的困扰,而非国有企业受自身资源和企业能力的限制,在国际化过程中往往表现出国际化运营水平整体相对较低、企业自身国际化经验较为缺乏、在国际化的价值网络中呈现碎片化以及总体技术水平的相对滞后(Huang 等,2014)。然而,从积极的方面来看,随着全球化的进一步深化,特别是在 2008 年金融危机后,具有海外市场扩张和战略资产寻求动因的非国有企业显著增加,这表明非国有企业试图通过海外并购方式提升自身竞争力,也期待通过整合自身的价值网络去追赶同行业的竞争者。在此情形下,非国有企业在母国制度环境下的对外投资动机会表现得更加强烈,其通过合理安排海外目标企业持股进而改进其在价值链上下游生产活动的需求也会更加明显。此外,国有跨国企业和政府之间尽管存在密切联系,但是这种密切联系强化了东道国对企业的国有股权的制度压力,企业带有母国政府的政治属性,增加了公司对母国制度的依赖(Cui和Jiang,2012);同时,这也影响了东道国政府对国有企业的印象,国有企业可能含有的政治动机使东道国政府乃至企业产生一定的警惕与顾虑(邵新建等,2012)。此外,一些研究也指出了国有股权结构在中国企业对外投资过程中可能产生的负面影响。例如,尽管国有企业可以通过与政府之间的非正式制度取得融资优势,进而大举海外收购,但是其对政府的路径依赖远胜于非国有企业,企业的海外市场投资行为的市场作用对国有企业的影响也要弱于行政作用,企业对母国政府的资源依赖越重,则越会削弱国有企业的对外投资意愿(Huang等,2017),进而削弱企业自身的海外投资意愿对海外目标方股权安排的影响力。综合以上分析,本书提出如下假设。

假设 H5:其他条件相同时,相对于非国有企业,国有企业的海外投资动因作用于股权选择的影响较小。

(三) 行业情境的约束效应

在按照产权背景对样本企业进行划分之后,本书又按照行业特征将样本分为制造业企业组与非制造业企业组。企业海外并购动因对股权选择的影响机制,同样也会受到行业类型的制约。从中国企业所处的行业情境来看,行业特征可能会影响企业海外并购动因对股权的选择,即不同行业情境下,企业海外并购动因对股权选择的影响效应会表现出一定差异。相对于非制造业的企业来说,制造业企业的海外并购动因对股权选择的影响可能更大。这是因为中国是个制造业大国,制造企业在国民经济中扮演着极其重要的角色。大量学者也从多元化的视角对中国的制造业企业作了富有成果的研究,从目前的学术文献来看,在中国工业化进程中,制造业在创新资源的承载和研发活动的开展方面一直是最为重要的部门,这已经取得广泛共识。从传统比较优势来看,中国制造行业的企业在全球范围内,也具有一定的竞争优势。从中国的经济转型阶段来看,技术创新主要来源于制造业,并且制造业也是技术应用和扩散转移的核心行业,制造业企业在国民经济中具有承载高端资源和创新驱动的作用。实际上,相对于中国的非制造业企业,大多数的海外并购交易发生在制造业企业,制造业企业无论是通过战略资产寻求技术,还是通过开拓海外市场调整产品结构,它们都希望通过合理的股权选择完成对具有优势的目标方的并购交易,以应对行业的转型趋势。

中国制造业企业的全要素生存率自2003年开始持续下滑,其技术学习和赶超难度也逐渐凸显(黄群慧和贺俊,2015),从而更加激发了中国制造业企业的对外投资需求。此外,与非制造业行业的企业相比,制造业企业所面临的外部行业冲击更大(Anand 和 Singh,1997),诸如生产技术革新、规制政策的调整、组织变革都将导致中国制造业企业在面临冲击时,在对自身现存资源利用的基础上不断地对外开展并购活动。这种行业情境变化都会强化制造业企业海外并购动机对股权选择的影响。据此,本书提出如下假设。

假设H6:其他条件相同时,相对于非制造业企业组来说,中国制造业的企业海外投资动因对股权选择的影响更为明显。

(四)投资区位差异的约束效应

相对于投资东道国为发展中国家的企业而言,新兴市场国家的跨国企业若投资于发达国家,其意图通常为获取优质资产,以期潜在地为自身创造出更大的竞争优势,进而实现对先发企业的追赶以及对自身所有权劣势的克服。新兴市场国家的跨国企业将投资东道国选择在发达国家时,一方面可以更为快速、有效地获取其在母国市场上无法寻求的资源,或者是在母国市场上可能获取成本更加高昂的资源(Elia 和 Santangelo,2017),这些资源通常涉及以知识为主的管理经验、技术专利、品牌、商誉等;另一方面,可以提高开发新资源的能力,并且可以使其在未来经营期间内产生更多现金流。企业寻求战略资产并不是利用已有资源和技术,属于战略资产的资源和技术通常集聚在发达国家(Cui等,2013)。新兴市场国家的跨国企业在多样化的动态环境下在发达国家更加容易获取战略资产。此外,新兴市场国家的跨国企业如果能够很好地整合自身资源、能力,与发达国家的企业的异质性资源形成互补,那么它们往往也能够提高其在资本市场上的市场估值(Nicholson 和 Salaber,2013)。与战略资产寻求动因的企业相比,有海外市场开拓导向动因的企业在考虑被并购企业的同时,通常更加关注目标企业所在的市场因素。具体来说,发达国家市场的客户通常具有更强的购买力,这些企业的消费人口众多且集中在人口相对稠密的地区,这无疑会对企业海外市场的开拓产生至关重要的影响(Mohr 和 Batsakis,2017)。进一步地,对于新兴市场国家跨国企业来说,获得发达国家先进的市场知识是企业开拓海外市场的目的之一,这也能够为企业在海外市场的运作提供有益的帮助。此外,尽管发达国家市场的进入门槛较高,但由于市场环境相对良好,在一定程度上也弱化了进入市场的后期风险。综合以上分析,本书认为发达国家的市场和目标企业所提供的有利条件以及诸多优势,将会强化中国跨国企业自身投资动因对海外目标方股权安排的影响力。据此,本书提出如下假设。

假设 H7:其他条件相同时,与投资目的地位于新兴市场国家相比,中国跨国企业的海外投资动因对股权选择的影响在发达国家市场中表现得更为明显。

第三节　本章小结

本章在理论推导与模型构建的基础上,重点对本书的七个研究假设进行了推导。其中,企业海外投资动因类型对股权选择的影响效应是本书最为重要的假设,亦是本书其他六个研究假设的基础。本章以理论模型为架构,系统地分析并提出本书的研究假设,为本研究后续章节的实证检验奠定了基础。

第四章　企业海外投资动因类型与股权选择的基本关系研究

从本章开始本书进入实证研究部分。本章在第三章理论模型与研究假设的基础上，针对企业海外投资动因对股权选择的影响路径进行必要验证性说明。从内容安排的角度来看，本章验证了企业海外投资动因类型对股权选择的影响，为之后的进一步检验提供了必要的分析前提。从计量检验的角度来看，本章以企业海外投资动因作为本书的核心解释变量，分析其对海外并购过程中的股权选择的直接影响。本章的结构安排如下：第一节为研究设计，主要包括对研究变量的设计和选择，特别是对中国企业海外投资动机变量的构造和量化的说明，是本研究的一大特色。此外，还介绍了研究样本、数据来源以及计量模型的构建方法。第二节为实证检验和结果分析，主要内容包括重要变量的描述性统计、相关性分析以及 Tobit 回归模型的实证检验结果；第三节为稳健性检验，以确保研究结论的可靠性。第四节则对本章进行了小结。

第一节　研究设计

一、对被解释变量的设计

本书的被解释变量为海外并购股权选择，也即中国企业通过海外并购方式收购东道国目标企业的股权比重。总体来说，该指标为一个数值，现有的文献对股权选择的度量方式主要有以下两种：第一，直接用海外并购股权比例的多少来反映企业通过海外并购对目标企业的股权安排；第二，根据企业海外收购的股权比例对收购方式作进一步的划分。例如，通常采用全资收购方式和合资收购方式，抑或按照联合国贸易和发展会议报告采用的形式，将其划分为全部股权收购方式、多数股权收购方式。具体来说，笔者通过检索相关文献发现，在已有的实证研究中,国内外学者对股权选择变量的刻画均采用了上述一种或两种的度量方法。例如,Chari 和 Chang(2009)、Guadalupe 等(2012)直接以股权收购比例这一连续变量作为股权选择的代理变量;林季红和张璐(2013)也以并购股权比例作为股权策略选择的代理变量,但按照比例进行了划分,如若并购100%股权时则将其视为全资,否则视为合资,并采用虚拟变量对其进行赋值;林润辉等(2015)将母公司对海外子公司持有100%的股权定义为全资,其他则视为合资,并采用单一虚拟变量进行赋值;Cui 和 Jiang(2012)以及 Elango 等(2013)则按照股权比例是否达到95%这个分割点进行上述划分。一些学者如 Xie(2014)、Gubbi(2015)、Yu 等(2015)针对股权选择研究,将股权收购比例作如下定义:若收购比例大于95%,则将其视为全部股权收购,否则视为部分股权收购;Ouimet(2013)将持有目标方的股权比例低于50%的记作少数股权收购,将并购股权比例大于或者等于50%的划分为多数股权收购;Contractor 等(2014)采用定序虚拟变量赋值方法,将持有目标方的股权比例低于50%的记作少数股权收购,将持股比例在50%~99%的记作多数股权收购,将持有目标方100%股权的记作全部股权收购。实际上,对已有实证文献进行分析,本书认为以股权并购比例的多少作为海外并购股权选择的代理变量已成为研究惯例,只不过学者们可以针对不同的研究问题进一步地按照股权收购比例的大小作股权收购方式(类型)的区分,以服务研究对象。为更好地与业内学者进行对话,本书遵循已有研究惯例,以中国企业海外并购目标企业的股权比例作为因变量,因为以股权并购比例作为连续变量能够更加精确地反映企业海外并购的投资动因对股权选择行为的影响。在后续的稳健性检验中,本书还将借鉴国内外学者的做法,按照股权收购方式来刻画股权选择行为。具体地,若中国企业海外收购目标方的股权比例大于95%,则将其视为全部股权收购方式;持有比例在大于50%但不大于95%的,则将其视为多数股权收购方式,并采用虚拟变量(二值)进行观测。本书以"1"表示完全股权收购方式,以"0"表示为多数股权收购方式,以增强本研究结论的稳健性。

二、对核心解释变量的设计

从现有的文献来看,由于中国企业海外并购交易研究样本相对较少,单一或多案例分析法在传统并购动因理论中被广泛应用(吴先明和苏志文,2014;周绍妮和文海涛,2013;苏敬勤和刘静,2013;李青原等,2011)。在已有经验研究中,刻画并购项目的投资动因的主要方法有:国内学者邵新建等(2012)分析并购交易公告的文本信息,如果文本内容显示被并购的企业属于能源或者矿产行业,则将其归为寻求自然资源动因;否则将其视为创造性资产寻求动因,并采用单一的虚拟变量进行相应赋值。王凤彬和杨阳(2013)在剔除自然资源并购投资动因的样本后,对交易公告信息进行分析,将研究重心放在探索型 FDI 项目(战略资产的寻求)上,如果文本的核心内容属于上述信息,则视为探索型 FDI 项目(事件);其余则笼统地视为传统型 FDI 项目,并采用单一的虚拟变量进行赋值刻画。何任(2014)在针对本土并购的相关问题进行研究时,利用并购公告的文本信息,提炼公告中含有并购动因的关键词语,以并购动因的分类标准作为判断依据并进行归类。国外学者 Boateng 等(2008)在研究中国企业海外战略资产寻求动因与并购绩效的关系中,对投资动因的刻画,亦通过提炼上市企业的并购交易公告以及中国日报(海外版)的文本信息来进行,如果符合战略资产寻求定义,则赋值为"1";否则归为其他。Jain 等(2015)在分析印度软件行业上市企业的资源异质性和不同对外投资动因的交互作用对海外投资区位选择的影响时,对投资动因的刻画也是通过提炼上市公司的对外投资信息公告以及互联网财经新闻媒体的文本信息来进行的,如果符合海外市场开拓动因定义,则赋值为"1";否则将其视为效率寻求动因并通过单一虚拟变量对投资动机进行刻画。Gubbi(2015)通过查阅印度上市公司的并购公告信息,使用 BVD-Zephyr 数据库中的并购交易资讯信息栏目、媒体,在并购交易事件发生或者完成时对企业高层访谈的新闻进行文本分析。同时,企业按照海外动因类型的标准将交易动因进行归类衡量。

本书收集相应的信息资料,由本书作者和导师以及一位精通企业并购理论的博士研究生依托扎根理论对文本信息进行编码。具体做法如下:首先,系统性地收集并查阅上市公司含有的该起海外并购交易事件所涉及的历史公告、中报、年报等文献资料,信息均在对巨潮资讯网、中财网、证券时报网、中国证券报、中证网等主要证券媒体披露的公开权威信息渠道进行交叉核对后得到。其次,针对上市公司披露的投资动机或者收购交易目的相关文本信息,进行开放式编码,将文本数据进行重构以便形成概念化标签,随后对这些内容相近或重复的标签进行提炼,以形成若干个核心概念。本书通过对资料进行初始编码,从文本资料中抽象出市场份额、销售渠道、海外客户群、产品线(链)、管理经验、技术、研发能力、品牌优势等概念。最后,对已有资料的初始编码进行二次编码,目的是借助原有资料和已有文献对海外并购动因类型的概念作进一步的挖掘、对比和归纳。例如,从资源基础观以及传统的国际商务研究来看,海外市场开拓动因不仅体现在对销售渠道的开拓,还体现在企业战略的制定,以及企业对海外资源的掌控与监督(王凤彬和杨阳,2013;Gubbi,2015)。这一概念在已有文献中通常包含开拓新市场、新业务,获得产品的销售渠道及网络,增加市场份额,占有重要市场,新增产品线等内容。类似地,从战略资产寻求动因来看,资源基础观认为具有价值的、稀缺性的、难以模仿的以及难以替代的资源是组织竞争优势的主要来源。现有文献通常将战略资产视为一个抽象的概念,它一般包括企业为增强竞争优势向外部寻求或者期望获得的战略性"资源",包括获取技术资源、生产过程中所需的特定资产或关键资源、新产品、专利、高质量的互补性资产,也包括并购后所获的先进管理与销售经验、品牌运营经验等(Buckley 等,2016;王凤彬和杨阳,2013;Zheng 等 2016;Boateng 等 2008)。通过归纳文本信息的概念标签和已有文献对其概念所包含的范畴,本书分析了上市公司海外并购交易的最核心动因。其具体编码过程详见本书附录中列举的中国企业海外并购项目的投资动因划分及典型条目。此外,本书也使用了 R 语言文本挖掘相关算法包以进行文本分词,利用关键词对文本的贡献度进行分析并以此作为海外动因归类的辅助判断手段。本书在变量的设置上,借鉴国内学者邵新建(2012)、王凤彬和杨阳(2013)等的做法,采用虚拟变量对海外并购动因进行设定,其中将具有海外市场开拓动因的企业赋值为"1",将具有战略资产寻求动因的企业赋值为"0"。

三、对控制变量的设计

上述股权选择变量和企业海外并购动机变量分别是本书的被解释变量和解释变量。但是,企业的海外并购股权选择还会受到其他因素的影响,因此在本书的研究模型中还有必要加入一些其他控制变量,以便更加客观、准确地反映企业投资动因对海外并购股权选择的影响。结合国内外学者现有的相关研究成果,本书选择下列因素作为控制变量。

(一) 产权背景变量

与先前学者保持一致,本书按照样本上市公司财务年度的最终控制人性质将企业划分为国有控股企业和非国有控股企业,并在本书后续章节中考察企业海外并购动因对股权选择的影响及其在不同的产权背景下所可能表现出的差异。之前的研究表明,企业的产权背景对中国企业对外投资的股权选择决策无疑会产生重要的影响。与非国有控股企业相比,国有控股企业往往会与母国(中国)政府产生一定的政治关联,企业对母国制度环境的资源依赖加深,由此形成的制度压力将会导致企业的股权选择产生影响(Huang 等,2017;Cui 和 Jiang,2012;Wang 等,2012)。与此同时,国有控股企业在海外投资过程中也能够更加便利地得到融资、享受政策优惠以及政府扶持。国内学者在研究中国企业海外并购战略目标、对外投资行为以及经营绩效时,也指出具有不同产权背景的企业,其投资方式以及经营绩效具有显著的差异(Amighini 等,2013;王凤彬和杨阳,2013;邵新建等,2012)。因此,本书以产权背景作为重要的制度控制变量。在度量方面,如果收购方的最终控制人具有国有性质,则赋值为 1($SOE=1$),其他则为 0($SOE=0$)。

(二) 海外并购经验

中国企业缺乏海外并购经验,对东道国制度环境不熟悉,与海外企业在文化和沟通方面存在障碍,这对中国企业海外并购成功率和并购绩效均产生了重要的影响。具有海外并购经验的企业能够形成一套筛选目标方的体系,并且能够娴熟地处理并购过程中的问题,如谈判、议价以及整合后所产生的管理问题(Elango 等,2013;阎大颖,2011)。一些学者的经验研究发现,中国企业的海外并购经验与企业的并购成功率显著正相关(张建红等,2010)。此外,先前的海外并购经验可以更好地为企业的再次并购提供借鉴和指导,对海外市场进入投资模式的选择也具有显著的影响作用(Maekelburger 等,2012;周经和张利敏,2014;Gubbi,2015)。因此,本书在回归模型中对上市公司是否具有海外并购经验这一虚拟变量进行控制,如果企业曾经有过海外并购经验,则赋值为"1",否则赋值为"0"。

(三) 股权集中度

股权集中度作为公司治理机制的重要影响因素,它反映了公司股份在多大程度上被大股东持有以及大股东对公司的影响力和控制力,而这又会对董事会的决策产生极其重要的影响。陈仕华和卢昌崇(2013)研究指出,某个股东或集团的股权越集中,其对公司的控制力就越大,公司董事会的独立决策能力就越低,这在本土并购交易中对收购方的并购绩效也将会产生重要影响。余鹏翼和王满四(2014)指出上市企业的股权集中度也会对跨国并购绩效产生显著的正向影响。综合以上文献,本书认为收购企业的股权集中度能够影响董事会的治理决策,进而也对企业海外并购的投资决策产生相应的影响。因此,本书在研究模型中加入公司第一大股东的股权集中度这一控制变量,该指标为上市公司并购当期期初第一大股东持股数量占企业总股本的比重。

(四) 公司规模

企业在海外并购过程中,并购方规模是影响并购行为、并购绩效的重要影响因素,这一点已取得广泛的共识。企业规模越大意味着企业在管理运营经验方面越丰富、成熟(张建红等,2010;Xie,2014),企业规模的大小在一定程度上反映了企业对外部不确定环境以及风险的抵御能力。很多学者在讨论企业海外并购相关问题时,均以公司规模作为控制变量,考察控制规模大小对海外并购活动的影响。回顾已有文献,国内外学者对公司规模的度量也基本一致,即以公司用工人数或者公司总资产的自然对数衡量。例如,一些学者以年均用工人数的自然对数作为公司规模的代理变量(洪联英等,2015),大部分学者为消除劳动密集型行业可能造成的影响,通常采用对公司账面总资产取自然对数的方式。因此,本书与先前学者保持一致,将并购方账面总资产的自然对数作为公司规模的代理变量,公司规模以 $\ln(Firmsize)$ 表示,即为并购方当期期初公司账面总资产。

(五) 公司经营杠杆

一般来说,企业经营风险的大小反映了企业自身经营状况和应对风险的能力,这一指标能够直接影响企业的投资行为。在海外并购中,主并企业潜在的经营风险越大,目标方企业开展并购交易的谈判工作通常也会越审慎,由此经营风险对企业的海外并购投资决策和并购成功率以及未来经营绩效产生极其重要的影响。因此,本书选取公司经营杠杆作为控制变量,以控制企业风险水平对海外股权选择决策的影响。其计算公式为:公司经营杠杆=(净利润+所得税费用+财务费用+固定资产折旧+无形资产摊销+长期待摊费用摊销)/(净利润+所得税费用+财务费用)。

(六) 现金流

现金流作为最重要的微观公司特征之一,对公司经营活动具有非常重要的影响。在中国企业的跨境并购交易中,绝大多数企业以现金作为支付方式(余鹏翼和王满四,2014;马金城,2012)。从本书的初始研究样本来看,中国企业的交易也符合这一特征。企业拥有充裕的现金不但是开展当前并购活动的保证,而且也会对未来企业的持续经营活动产生重大的影响。在跨境并购活动中,现金流对企业对外投资决策很可能产生重要影响。为控制企业现金流对海外并购股权选择行为的影响,本书将现金流作为控制变量并借鉴学者田高良(2013)和徐虹等(2015)的做法,该指标的计算公式为:现金流＝经营活动现金流净额/期初总资产。

(七) 产品市场集中度

国内学者徐虹等(2015)研究发现,企业的横向并购行为和并购绩效均会受企业所处的行业地位的影响。然而在产业组织理论中,如何准确衡量产品市场竞争程度还没有取得广泛共识(姜付秀等,2009;徐虹等,2015)。在已有的企业并购和有关市场竞争的文献中,有两种衡量方法。一种是交叉价格弹性,另一种是市场集中度。但从目前文献来看,以赫芬达尔-赫希曼指数(Herfindahl-Hirschman index,HHI)度量产品市场竞争程度较为普遍,因为交叉价格弹性指标需要获得行业内部所有企业的定价信息,并且在指标的计量方面也存在难度。HHI 即一个行业中各市场竞争主体资产(营业收入)占行业总资产(总营业收入)百分比的平方和,该指标介于 0～1。HHI 的值越小,说明行业内存在的厂家就越多,市场竞争程度就越激烈,市场集中度就越低。反之,HHI 的值越接近1,行业内厂家竞争越不充分,市场竞争程度越低,市场集中度越高。本书借鉴国内外学者普遍采用的做法,用 HHI 去度量产品市场集中度。另外,本书的行业划分标准是按照中国证券监督管理委员会 2012 年发布的《上市公司行业分类指引》确定的。据此,本书视产品市场集中度为控制变量以探究外部市场竞争程度对企业海外并购股权选择的影响。

(八) 目标企业国家市场地位

在已有研究中,目标企业方所在国家市场地位被学者普遍认为是一个重要的宏观控制变量,特别是新兴市场国家跨国企业进行海外投资时通常表现出一定的"区位选择"偏好(顾露露和 Robert Reed,2011)。国内学者林季红和张璐(2013)研究发现,投资东道国是否是发达国家对中国企业海外并购的股权策略选择具有显著影响。因此,借鉴上述学者的做法,本书采用虚拟变量对其进行控制。指标具体度量方式如下:如果目标企业所在国家为发达国家,则赋值为"1",否则赋值为"0"。

(九) 时间、行业虚拟变量

研究对象所归属的时间段不同，企业海外并购的动因对股权选择行为的影响也会不同。企业选择"走出去"进行海外并购的时间是影响海外并购的重要因素之一。特别是 2008 年全球金融危机以来，中国企业开始大规模拓展海外并购业务，对境外企业和资产不断"抄底"（顾露露和 Robert Reed，2011；邵新建等，2012）。因而，在国内外学者研究海外并购的文献中，时间是常用的控制变量之一。本书通过 BVD-Zephyr 全球并购交易数据库所提供的样本企业，根据样本事件（海外并购的宣告日至交易完成日）是否发生在金融危机期间设置虚拟变量。若企业的跨境并购交易发生在全球金融危机期间，则赋值为"1"，否则为"0"。通过设置二值变量控制全球金融危机等外部因素对企业海外股权选择策略所产生的影响。行业的作用类似于时间，企业归属的行业类别也是影响企业海外投资动因与股权选择关系的重要因素之一。本书按照《中国证监会 2012 年上市公司行业分类标准》进行分类。由于制造业企业占据相当大的比例，将行业类别设置为制造行业和非制造行业两大类。据此，本书将时间和行业作为控制变量，将其代入后文回归模型中并进行实证分析。

第四章各个主要变量定义与计算方法，如表 4-1 所示。

表 4-1　　　　　　　　本章主要变量定义及计算方法

变量类型	变量名称	变量符号	变量描述
因变量	股权并购比例	$Majority\ Share$	上市公司对海外目标方企业的股权收购比例
	股权收购方式	WOS	是否属于全部股权收购，全部股权收购方式取"1"，多数股权收购方式取"0"
核心解释变量	海外投资动因	$Motives$	具有海外市场开拓导向的企业取"1"，具有战略资产寻导求的企业则取"0"
控制变量	海外并购经验	$MAexperience$	上市公司是否具有海外并购经验，是取"1"，否则取"0"
	目标方企业国家市场地位	$Developed$	目标方企业所在国家是否为发达国家，是取"1"，否则取"0"
	公司规模	$\ln(Firmsize)$	ln(并购当期期初公司账面总资产)

(续表)

变量类型	变量名称	变量符号	变量描述
控制变量	现金流	CashFlow	经营活动现金流净额与期初总资产的比值
	公司经营杠杆	FinanLev	上市公司并购当期期初财务杠杆
	产业市场集中度	HHI	一个行业中各市场竞争主体占行业总资产百分比的平方和
	股权集中度	CR1	上市公司并购当期期初第一大股东持股数量与企业总股本的比值
	产权背景	SOE	收购方的最终控制人是否具有国有性质,是取"1",否则取"0"
	行业虚拟变量	Industry	上市公司是否属于制造业行业,是取"1",否则取"0"
	时间虚拟变量	Yeardummy	海外并购活动是否发生在金融危机期间,是取"1",否则取"0"

四、样本选取和计量模型构建

(一) 样本选取和数据来源

本书以2001年1月1日至2016年9月30日宣告发生并且已经完成的中国企业跨境并购交易事件作为原始样本。样本选取的时间范围基于以下两点考虑:第一,中国政府首次提出投资便利化的国家政策("走出去"战略)是在2001年,故研究样本的起点时间选择2001年。第二,研究样本结束时点以笔者撰写过程中数据的可得性为准。本研究的样本数据从BVD-Zephyr全球并购交易数据库中的"海外并购事件"栏目中提取。该数据库作为全球知名的并购交易数据库,交易资讯更新及时,内容准确程度高,特别是系统性地介绍了买卖双方信息,在并购交易事件描述方面也具有独到优势。此外,该数据库对于研究全球并购领域中的特定类型的学术问题也具有极大的优势(Bollaert 和 Delanghe,2015)。

本研究针对中国企业海外并购事件的原始研究样本,按照以下标准进行筛选:①并购方为中国上市公司。具体来说,样本包括上市公司自身或者子公司开展的海外并购活动情形和上市公司全资拥有的海外子公司开展的境外并购活动情形两大类。目标方企业为非中国大陆(内地)企业及境外企业(考虑到中国台湾地区及中国香港地区、中国澳门地区经济制度的特殊性,故将其纳入目标方企业范畴。同时,也包括外资企业在这些区域设置的分支机构)。②部分企业在内地及海外可能存在多地上市的情形,因此本书参考顾露露和 Robert Reed(2011)的做法,选择其在海外并购事件发生时市值最高、市场流动性最好的某一地上市公司。③一般来说,收购股权比例至少达到50%的涉外并购活动才可以被严格地视为一项海外并购事件,这一标准在现有研究中是非常普遍的。本书也遵循学者 Stiebale(2016)、Ismail(2011)的做法,选择中国企业持有目标方企业多数股权的海外并购交易事件。④考虑到金融企业财务制度的特殊性,剔除银行、保险、租赁类上市公司的海外并购交易事件。⑤剔除上市年度不足一年的公司和数据不完整公司。⑥本书借鉴王凤彬和杨阳(2013)、Gubbi(2015)等国内外学者的做法,将重心放在确认战略资产寻求和海外市场开拓这两类核心的动因上,并剔除以获取自然资源为目标的海外并购交易事件。本书最终样本包括132起由中国上市企业发起并已经完成的海外并购交易事件,共涉及118家上市公司,行业划分按照中国证券监督管理委员会2012年发布的《上市公司行业分类指引》确定,样本数据分布特征如表4-2所示。本书的海外投资动因通过手动查询BVD-Zephyr数据库中的"交易资讯信息"栏目、上市公司公告的历史记录(海外收购交易的各类公告、半年报、年报)以及巨潮资讯网、中财网、证券时报网、中国证券报、中证网等主要证券信息披露的信息,运用扎根理论进行文本编码后得到。中国企业对海外目标方企业的股权并购比例亦来自BVD-Zephyr数据库,以手工处理的方式与公告信息逐条交叉核对后得到。其他数据来自全球上市公司分析库(BVD-OSIRIS)和国泰安CSMAR数据库,并且均以母公司编制的综合反映企业经营成果、财务状况及其变动情况的合并报表提供的数据为准。本书数据处理分析使用的统计工具为R(version 3.3.1)软件,数据可视化图表亦采用R语言Ggplot2包以及Tableau 9.2进行绘制。

表4-2　　　　　　　　　样本数据分布特征描述

行业类别	并购交易事件个数	目标方企业所在国家/地区	并购交易事件个数
专用设备制造业	16	美国	18
计算机、通信和其他电子设备制造业	15	英国	9
汽车制造业	10	德国	18

(续表)

行业类别	并购交易事件个数	目标方企业所在国家/地区	并购交易事件个数
电气机械及器材制造业	7	法国	9
化学原料及化学制品制造业	7	意大利	6
零售业	6	加拿大	4
黑色金属冶炼及压延加工业	5	巴西	2
软件和信息技术服务业	5	中国香港	16
其他	61	其他	50
总计	132	总计	132

收购目标方企业的股权比例	并购交易事件个数	收购方企业性质	并购交易事件个数
50—60	16	国有企业	53
60—70	4	非国有企业	79
70—80	7	总计	132
80—95	15	目标方国家/地区市场地位	
≥95	90	发达国家/地区	92
		新兴市场国家/地区	40
总计	132	总计	132

资料来源:作者使用 BVD-Zephyr 数据库、国泰安 CSMAR 数据库并利用 R 软件计算整理。

(二) 计量模型构建

以下是本章验证假设所需要用到的计量模型,用以考察企业海外并购动因对股权选择的影响效应。

本章研究采用标准的 Tobit 模型进行回归分析。采用的理由为因变量受限,即股权并购比例不可能取负值,且股权比例是以 0.5 为下限、1 为上限的连续性截尾变量(censored variable)。

Tobit 模型估计介绍如下：

$$y_i^* = x_i'\beta + \varepsilon_i$$

$$y_i = \begin{cases} \alpha & y_i^* \leqslant \alpha \\ y_i^* & \alpha < y_i^* < b \\ b & y_i^* \geqslant b \end{cases} \tag{4.1}$$

基本检验模型 4.1：

$$y_{i,t}^* = \alpha_0 + \beta_1 Motives + \beta_2 Controls_{i,t-1} + \varepsilon_{i,t} \tag{4.2}$$

其中，y_i^* 为未被观测的潜变量，x_i 是个体 i 的解释变量，β 为一组待估参数的系数，$\varepsilon_{i,t}$ 为模型的随机干扰项。在本章的基本检验模型中，$y_{i,t}^*$ 为股权选择的替代变量，即股权并购比例；$Motives$ 为核心解释变量，即企业海外投资动因，$Controls_{i,t-1}$ 代表本章的控制变量矩阵，此处的 a 和 b 分别是因变量的下限与上限。

此外，本章需要用到 Probit 回归模型进行稳健性检验，以增强结论的可靠性。在稳健性检验中，股权选择的替代变量为股权收购方式（WOS），核心解释变量、控制变量与基本检验模型相同。稳健性回归模型 4.3 设置如下：

$$Pr(WOS = 1 | X_{i,t}) = \phi(\alpha_0 + \beta_1 Motives + \beta_2 Controls + \varepsilon_{i,t}) \tag{4.3}$$

基中，$X_{i,t}$ 为模型中个体 i 在 t 期的解释变量，ϕ 是累积的标准正态分布函数。

第二节 实证检验和结果分析

一、描述性统计结果

本章主要变量的描述性统计如表 4-3 所示。由于本书以研究期间内完成海外并购交易的上市公司作为研究样本，因此观测值数量是上市公司实际完成的海外并购交易事件的次数。其余变量是由完成海外并购交易的上市公司财务年度观测值得来，故本书研究的观测值为 132。对于本章各变量的描述性统计结果，由于财务数据存在少数异常值，在全样本水平上对连续变量 1% 以下和 99% 以上的分位数进行缩尾处理，以消除异常值对分析结果造成的偏差。从具体变量的统计结果得出，在 132 个样本观测值中，从核心被解释变量即股权并购比例来看,中国上市公司对目标方企业股权并购的比例平均为 89.90%。从另一个重要被解释变量股权收购方式来看,有 90 起海外并购交易事件采用全部股权收购方式,其占样本总量的 68.18%;从核心解释变量来看,具有海外市场开拓动因的并购交易事件占比为 54.55%,具有战略资产寻求动因的交易事件占比为 45.45%。这反映出中国企业海外并购的投资目的与早期的追求自然资源、市场等动因相比发生了显著变化,尤其是在传统的对外投资动因之外,企业也开始注重对海外先进技术、专利、研发团队、品牌、管理经验等战略性资产的寻求。本书对样本特征的描述也与中国企业兴起寻求海外战略资产的新现象符合。从控制变量描述性统计来看,在股权集中度变量中,其中位数和均值分别为 0.3825、0.3838,这说明股权集中度在样本分布中较为集中。然而,从均值可以看出,上市公司第一大股东的持股比例过高,达 38.38%,最小值以及最大值分别为 0.0883 和 0.8632。这反映出在少部分上市公司中,股权集中度的极差还是比较大的。在产权背景变量中,国有企业或国有控股的上市公司海外并购交易事件占样本总量的 40.15%。这可能是因为:一方面,本书研究并不关注自然资源寻求动因的企业和金融行业类别的企业(这些企业通常是大型国有企业);另一方面,这也反映出"走出去"的非国有企业数量增多的现状。本书对样本特征的描述与近几年商务部发布的中国对外投资统计公告所描述的概况非常吻合。曾经有海外并购交易经验的中国上市公司占样本总量的 13.64%,这反映出中国上市公司正在不断积累海外并购经验的客观事实;公司规模指标的平均数为 22.4714,最小值为 20.0252,最大值为 25.8413,标准差为 1.4546。这说明上市公司之间的企业规模存在较大的差距,上市公司可以较好地控制公司规模对样本公司海外并购股权选择的影响。对于公司经营杠杆来说,其均值和中位数较为接近,但标准差和极差分别为 0.7550 和 4.318(最大值 4.7687 与最小值 0.4509 之差)。这反映出不同企业的经营杠杆具有一定差异,需要控制经营杠杆所产生的企业经营风险。企业的自由现金流均值和中位数接近,极差、标准差较小,说明对经营现金流的控制整体来说,样本企业不存在较大的差距。对于宏观层面的控制变量来说,从事制造行业(大类)的中国企业占交易样本总量的 70.45%。这反映出中国制造行业的企业是近些年海外投资的主力军,相对于其他行业,中国制造行业在海外扩张主体的比重较高。从 HHI 所衡量的产业市场集中度来看,市场集中度的最小值和最大值分别为 0.0206 和 0.6879。这说明企业所处的行业竞争程度在完全充分竞争与不完全竞争之间。市场集中度均值为 0.1095,说明样本企业所在行业的产业市场集中程度较低,行业竞争比较激烈,且上市公司多数属于竞争型行业,面临较大竞争压力,因而有必要控制行业层面的市场集中度对企业对外投资可能产生的影响。从目标方企业所处的投资区位来看,以发达国家为目的地的企业占样本总量的69.70%,表明中国企业在国际市场中更倾向于向发达国家投资,并且从交易的数量和金额来看,中国企业海外并购投资目的地首选在欧美国家的占比非常大。从时间虚拟变量来看,中国企业的、发生在2008年全球金融危机时间段的跨国并购交易事件数量占样本总数的11.36%,在金融危机期间及金融危机结束后,中国企业对海外资产的"抄底"也呈现出大规模迅速攀升的趋势。2001年1月至2016年9月,样本企业海外并购交易金额与各类并购交易数量的趋势,如图4-1所示。

表 4-3　　　　　　　　　主要变量的描述性统计表

变量名称	N	最小值	25%分位数	中位数	均值	75%分位数	最大值	标准差
WOS	132	0.0000	0.0000	1.0000		1.0000	1.0000	0.4675
Majority Share	132	0.5010	0.8450	1.0000	0.8990	1.0000	1.0000	0.1700
Motives	132	0.0000	0.0000	1.0000	0.5455	1.0000	1.0000	0.4998
CR1	132	0.0883	0.2413	0.3825	0.3838	0.4991	0.8632	0.1753
MAexperience	132	0.0000	0.0000	0.0000	0.1364	0.0000	1.0000	0.3445
SOE	132	0.0000	0.0000	0.0000	0.4015	1.0000	1.0000	0.4921
CashFlow	132	−0.1579	0.0153	0.0593	0.0534	0.0917	0.2188	0.0609
$\ln(Firmsize)$	132	20.0252	21.3892	22.2821	22.4714	23.3678	25.8413	1.4546
Finanlev	132	0.4509	0.9851	1.0595	1.2654	1.2655	4.7687	0.7550
HHI	132	0.0206	0.0458	0.0689	0.1095	0.1376	0.6879	0.1124
Developed	132	0.0000	0.0000	1.0000	0.6970	1.0000	1.0000	0.4613
Industry	132	0.0000	0.0000	1.0000	0.7121	1.0000	1.0000	0.4545
Yeardummy	132	0.0000	0.0000	0.0000	0.1136	0.0000	1.0000	0.3186

资料来源:作者使用 BVD-Zephyr 数据库、BVD-OSIRIS 数据库、国泰安 CSMAR 数据库并用 R 软件计算整理。

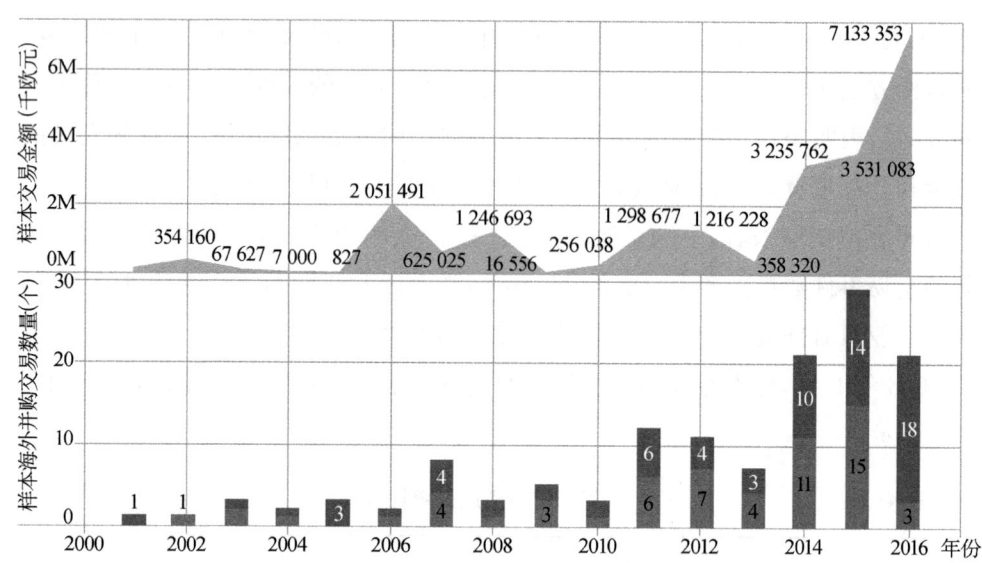

对于窗格样本海外并购交易数量总计：灰度显示有关企业海外投资动因类型的详细信息，标记按企业海外投资动因类型计数进行标记。对于窗格样本交易金额（千欧元）总计：标记按样本交易金额（千欧元）总计进行标记。

■ 海外市场开拓导向型　■ 战略资产寻求导向型

图 4-1　2001 年 1 月至 2016 年 9 月样本企业海外并购交易金额与各类并购交易数量趋势

为进一步分析考察企业海外投资动因对股权选择活动的影响，本章还按照海外投资动因类型分为海外市场开拓动因（Motives＝1）和战略资产寻求动因（Motives＝0）两组（表 4-4），对全样本的相关变量进行了分组统计分析。基于海外并购动因类型分组的均值检验和中位数检验（均值 t 检验用于样本的参数估计，中位数的秩和检验可用于非参数估计）的结果，可以看出，具有海外市场开拓动因的企业，其股权并购比例显著高于具有战略资产寻求动因的企业，并且具有不同动因类型的企业对持股方式也表现出一定的偏好，这初步验证了本书的假设 H1。此外，具有海外市场开拓导向动因企业所在行业的 HHI 在 10% 水平下，显著低于战略资产寻求企业所在行业的 HHI，也即与战略资产寻求企业所在的行业相比，海外市场开拓动因企业所在行业的产品市场竞争程度更高；至于股权集中度变量、企业自由现金流变量以及企业规模变量在两组之间则未表现出显著差异。这些都为分析本书的核心解释变量对海外并购股权选择活动的影响提供了非常好的研究契机。

表 4-4　基于跨境并购项目的投资动因分组的差异性分析

变量名称	海外市场开拓动因 $N=72$		战略资产寻求动因 $N=60$		差异性检验	
	均值	中位数	均值	中位数	均值检验 t 值	wilcoxon 秩和检验 p 值
$Majority\ Share$	0.9416	1.0000	0.8479	0.9350	3.2000***	0.0000
WOS	0.8333	1.0000	0.5000	0.5000	4.2000***	0.0000
$CR1$	0.3852	0.3902	0.3822	0.3472	0.1800	0.7500
$CashFlow$	0.0534	0.0601	0.0533	0.0448	0.0011	0.8700
$\ln(Firmsize)$	22.5100	22.1800	22.4200	22.5200	0.4201	0.6700
HHI	0.0941	0.0622	0.1279	0.0721	1.7011*	0.0700

注：***、*分别表示 t 检验值在 1%、10%水平下显著（双尾检验）。
资料来源：作者使用 BVD-Zephyr 数据库、国泰安 CSMAR 数据库并利用 R 软件计算整理。

本书还针对海外投资动因和股权选择作了单因素方差分析，以初步检验股权选择在不同类型的海外投资动因下，是否有着显著差异。分析结果如表 4-5 所示。从表 4-5 可以看出，如果仅考虑企业的海外投资动因单一因素影响，从 F 值以及对应的 P 值大小来看，企业的海外投资动因对股权选择产生了极其显著的影响（P 值的概率为 $0.0007<0.01$）。此外，由于单一因素方差分析只能检验单变量的差异显著性，在后文分析中自然需要考虑更多其他因素对股权选择的影响。

表 4-5　海外并购股权选择作为被解释变量的单因素方差分析结果

变量名称	自由度	平方和	均方和	F 值	P 值
$Motives$	1	0.3133	0.3133	12.2123	0.0007***
残差	119	3.0531	0.0257		

注：***表示 t 检验值在 1%水平下显著。
资料来源：作者使用 BVD-Zephyr 数据库、国泰安 CSMAR 数据库并利用 R 软件计算整理。

二、相关性统计分析

相关性检验的目的是初步判断模型中的变量之间是否存在严重的多重共线性问题，因此本书主要变量的相关性检验，是针对模型中的解释变量之间的相关性检验。表 4-7 分别列示了 Person 相关系数检验结果和 Spearman 相关系数检验结果。从主要变量相关性系数矩阵的检验结果来看,解释变量之间两两相关系数普遍很低且多数不显著。从本书的核心解释变量企业海外投资动因与其他解释变量相关系数来看,相关系数基本在 0.07 以下且绝大多数不显著,这说明本书的核心解释变量与其他解释变量之间几乎不存在相关性问题。相关性系数最高的是产权背景与企业规模这两个变量,两者之间相关系数达到 0.4522,说明产权背景与企业规模存在显著正相关关系,但仍未到达 0.5 的中高度相关性程度;此外,从模型其他解释变量之间相关性来看,相关系数绝大多数集中在 0.09 以下;本书还同步利用 R 语言统计软件绘制了主要解释变量之间的相关系数矩阵的数据可视化图表,便于读者方便地了解相关性检验结果。在回归分析之前,本书还需要针对回归模型中的各解释变量的多重共线性问题进行检验。本书通常采用方差膨胀因子和容忍度指标对其进行检验,其中方差膨胀因子与容忍度之间互为倒数。一般学者认为,方差膨胀因子小于 10 时,解释变量之间不存在明显的多重共线性。本书针对表 4-8 各回归模型中的所有解释变量首先进行了多重共线性分析,表 4-6 各模型解释变量的方差膨胀因子均小于 2,远远小于其临界值 10。综合以上分析,回归模型中解释变量之间并不存在多重共线性问题。

表 4-6　　　　　本章主要变量的多重共线性分析结果

变量名称	Model 1		Model 2	
	VIF	容忍度	VIF	容忍度
$Motives$			1.1233	0.8903
$CR1$	1.1780	0.8489	1.1862	0.8430
$MAexperience$	1.2226	0.8179	1.2254	0.8160
SOE	1.5607	0.6407	1.6102	0.6211
$Finanlev$	1.1654	0.8580	1.1683	0.8560
$CashFlow$	1.1605	0.8617	1.1606	0.8616
$\ln(Firmsize)$	1.5706	0.6367	1.5877	0.6298
HHI	1.1606	0.8616	1.2073	0.8283
$Developed$	1.0526	0.9500	1.0884	0.9187
$Industry$	1.1907	0.8398	1.2211	0.8189
$Yeardummy$	1.1219	0.8913	1.1238	0.8898

资料来源:作者使用 BVD-Zephyr 数据库、BVD-OSIRIS 数据库、国泰安 CSMAR 数据库并用 R 软件计算整理。

表 4-7 本章主要变量间的相关系数检验

变量名称	Motives	CR1	MAexperience	SOE	CashFlow	ln(Firmsize)	Finanlev	HHI	Developed	Industry	Yeardummy
Motives	1	−0.0036	−0.0846	−0.1080	0.0280	−0.0646	−0.1117	−0.0794	−0.2015	−0.1711	−0.0585
CR1	0.0300	1	−0.0031	0.3473	0.0856	0.1498	−0.0547	0.0073	0.0308	0.1542	0.0267
MAexperience	−0.0846	0.0175	1	0.1822	−0.0363	0.2696	−0.0461	0.0335	0.0477	0.1234	−0.0566
SOE	−0.1080	0.3686***	0.1822*	1	0.0798	0.4396	0.2283	−0.0505	−0.0988	−0.0117	0.0460
CashFlow	0.0122	0.1129	−0.0315	0.0755	1	0.1804	−0.0783	−0.0508	0.1369	−0.0070	0.1016
ln(Firmsize)	−0.0150	0.2007**	0.2838***	0.4522***	0.2116**	1	0.2362	0.1042	0.0033	0.0435	0.0657
Finanlev	0.0140	0.1009	−0.1028	0.2527**	−0.0808	0.2301**	1	0.1496	0.0427	−0.0778	0.1750
HHI	−0.0695	−0.0483	−0.0332	−0.0652	−0.0905	−0.0130	0.0146	1	0.0992	−0.2213	0.1169
Developed	−0.2015**	0.0559	0.0477	−0.0988	0.1226	−0.0014	0.0408	0.0616	1	0.0145	−0.0553
Industry	−0.1711*	0.1199	0.1234	−0.0117	−0.0005	0.0513	0.0637	−0.2356**	0.0145	1	0.1475
Yeardummy	−0.0585	0.0251	−0.0566	0.0460	0.1258	0.0852	0.0961	0.1382	−0.0553	0.1475	1

注：相关系数矩阵左下部分为 Pearson 相关系数检验结果，***、**、* 分别表示 t 检验值在 1%、5%、10% 水平下显著（双尾检验）；右上部分为将 Spearman 相关系数检验结果同步列示。

资料来源：作者使用 BVD-Zephyr 数据库、国泰安 CSMAR 数据库并利用 R 软件计算整理。

三、回归结果分析

本书以股权并购比例作为股权选择的衡量变量进行 Tobit 回归分析,检验企业海外投资动因对股权选择的影响,回归结果见表 4-8。Model 1 考察了未加入核心解释变量时各控制变量对股权并购比例的回归结果。从列示的回归结果来看,股权集中度与并购比例正相关,且在 5% 水平下显著,这说明在其他条件不变的情况下,中国上市企业的股权集中度越高,其对海外目标企业股权的收购比例就越高;先前具有海外并购经验的企业在并购活动中具有持较高股权比重的迹象,但在统计意义上不显著;产权性质与股权并购比例显著负相关。这说明相对于非国有企业,国有企业不太可能倾向较高的持股比例,这与已有学者的研究结果保持一致(Huang 等,2017;Cui 和 Jiang,2012)。由于本章篇幅有限,其余的控制变量(企业规模、经营杠杆、现金流、产品市场集中度、行业、区位以及年份虚拟变量)此处不再赘述。从 Model 1 的 Wald 检验统计量的结果可以看出,Model 1 整体上在 10% 水平下显著,这说明本书的控制变量能够有效地控制除企业海外并购动机因素以外其他因素对股权选择的影响,为后文的进一步实证分析检验奠定了良好的基础。Model 2 检验了企业海外投资动因对股权选择的影响。从检验结果来看,在置信水平为 99% 的情况下,企业海外投资动因与股权选择显著正相关。对比 Model 1 可发现,在加入企业海外投资动因核心解释变量后,模型的解释力度明显提升,模型整体通过 Wald 检验且在 5% 水平下显著。从回归结果来看,*Motives* 的回归系数为正,符号与预期一致,且在 1% 水平下显著。检验表明,在其他因素不变的条件下,与战略资产寻求动因的企业相比,具有海外市场开拓动因的企业更倾向于较高的股权并购比例,从而验证了假设 H1。这说明海外标的企业的股权选择决策必然会受到收购方投资前期微观基础准备工作(本书所聚焦的中国海外并购项目的投资动因)的影响。这一结论丰富并支持了资源基础观对新兴市场国家跨国企业投资动因,特别是中国企业海外并购从投资转化为投资效果的理论解释。在其他控制变量回归结果方面,检验得到的结果也与表 4-8 中 Model 1 保持一致。综合本章的实证结果,研究假设 H1 得到了支持。

表 4-8 海外投资动因与股权选择回归结果分析

项目名称	Majority Share		
	Tobit		Probit
	Model 1	Model 2	Model 3
$Motives$		0.0902***	1.0410***
		(3.1042)	(3.9585)
$CR1$	0.0021**	0.0019**	0.0166**
	(2.4426)	(2.2634)	(2.0614)
$MAexperience$	0.0457	0.0523	0.0362
	(1.0033)	(1.1881)	(0.0927)
SOE	−0.0730**	−0.0538*	−0.1727
	(−2.0269)	(−1.7230)	(−0.5496)
$Controls$	Yes	Yes	Yes
$Constant$	0.9129***	0.9195***	1.2532
	(3.4513)	(3.6007)	(0.5374)
$Observations$	132	132	132
log $Likelihood$	52.6304	57.2807	−69.9620
$Wald\ Test$	16.6055*	22.0887**	
$LR\ Test$			0.0085***

注：Model 1 和 Model 2 系数采用 Tobit 模型进行估计。***、**、*分别表示在1%、5%、10%的水平下显著,括号内数值表示对应系数的 Z 统计量,对数似然值与 Wald 统计量检验结果一并列示；Model 3 的系数采用 Probit 模型进行估计。***、**、*分别表示在1%、5%、10%的水平下显著,括号内数值表示对应系数的 Z 统计量,LR 统计量的结果以 p 值列示。

资料来源：作者使用 BVD-Zephyr 数据库、BVD-OSIRIS 数据库、国泰安 CSMAR 数据库并用 R 软件计算整理。

第三节 稳健性检验

为了验证研究结论的稳健性和可靠性,本节将进行下列稳健性测试：针对股权选择变量,本书将借用虚拟变量重新定义股权收购方式。与先前学者保持一致，笔者将股权收购比例大于95%的视为全部股权收购方式，将收购比例大于50%但小于或等于95%的视为多数股权收购方式。其中，"1"表示全部股权收购，"0"表示多数股权收购。对其采用Probit回归模型，重复表4-8中的Model 2以进行实证分析，检验得到的结果在表4-8的Model 3中列示。报告的结果显示，模型整体通过似然比检验且在1%水平下显著。本书核心解释变量(Motives)对股权收购方式的回归系数为1.0410，且在1%水平下显著。该回归系数的符号和显著性与Model 2的研究结果一致，即在其他条件相同的情况下，与具有战略资产寻求动因的企业相比，具有海外市场开拓动因的企业更倾向于采用对投资东道国的目标方选择全部股权收购的方式。股权集中度对股权收购方式仍然具有显著的正向影响；产权背景对股权收购方式具有负向影响，先前海外并购经验对股权收购方式具有正向影响，但均在统计意义上不显著；限于篇幅，不再赘述其余的控制变量。此外，在本书的稳健性分析中，由于Probit模型与传统的OLS回归以及本书的Tobit回归模型在回归方程系数的解读方面有差异，因此有必要再针对Probit模型系数的含义进行解释。本书以Probit回归作为稳健性检验的例子，针对企业海外投资动因与股权收购方式的回归结果的模型系数作进一步的解释(表4-9)，即在其他变量保持不变的条件下，与具有战略资产寻求动因的企业相比，具有海外市场开拓动因的企业选择全部股权收购方式的概率的优势比将增加2.8321倍；股权集中度增加1个单位，选择全部股权收购方式的概率的优势比将增加1.0167倍；与先前没有海外并购经验的企业相比，有海外并购经验的企业选择全部股权收购方式的概率的优势比将增加1.0368倍；与非国有企业相比，国有企业选择全部股权收购方式的概率的优势比将增加0.8414倍；其余控制变量的回归系数解释与其类似。综合以上分析，通过以股权收购方式作为股权选择的另一种衡量指标进行稳健性检验后，检验结果与前文的回归结果一致，核心的解释变量(Motives)数值依然是非常大的，由此表明本书的研究结果较为稳健，基本研究结论保持不变。

表4-9 稳健性检验模型参数解释结果

Panel: Probit	$Motives$	$CR1$	$MAexperience$	SOE	$\ln(Firmsize)$
	2.8321	1.0167	1.0368	0.8414	0.9089
$CashFlow$	$FinanLev$	$Developed$	HHI	$Industry$	$Yeardummy$
0.7657	1.0464	1.1477	0.8649	1.3335	0.8114

资料来源：作者使用BVD-Zephyr数据库、BVD-OSIRIS数据库、国泰安CSMAR数据库并用R软件计算整理。

第四节 本章小结

已有的文献尚未研究中国企业海外投资动因与股权选择这两者的内在逻辑关系,有关由投资动因转化为投资效果的过程机制的探讨尚未得到足够重视,这很可能是因为量化和构造企业跨境并购项目的投资动因存在一定困难。本章通过收集企业海外投资动因的信息文本,借鉴扎根理论,对财务文本信息进行编码并对其进行分类量化,从而为本书的实证研究奠定了扎实的基础。本章通过验证企业海外投资动因对股权选择的影响路径,主要得出了如下的研究成果。

从资源基础观来看,企业需要具备资源和能力来保持竞争优势。中国跨国企业的海外市场开拓和战略资产寻求这两大主要的海外投资动因,本质上是通过获取外部市场机会、渠道、网络、市场客户群、技术、研发资源、管理经验、品牌来提升自身竞争力的手段,实质上也是跨国企业后来者为克服所有权劣势而采用的投资策略。从实证检验的角度来看,企业跨境并购项目的投资动因确实能够影响股权选择行为。具体来说,与具有战略性资产寻求动因的企业相比,具有海外市场开拓动因的企业更倾向于较高的股权持有比例(抑或表现出全部股权收购的倾向)。这意味着,总体来说,具有不同类型海外投资动因的中国上市企业存在特定的股权选择偏好。由于战略资产的稀缺、有价值、难以模仿等特性,具有战略资产寻求动因的企业,在自身存在相对所有权劣势而面对目标方企业的股权收购时,很可能会达成一种"妥协"进而采取较低比例持股或者不完全的股权收购方式。然而,具有海外市场开拓动因的中国上市企业,倾向于采用完全股权收购方式的股权选择策略还需要通过更为长久的观察。实际上,高比例持股并不代表对海外组织的控制,股权作为公司内部控制的产权基础,其股权比例反映的是支配意愿和支配强度。大量资金的投入反而可能会导致企业承受高杠杆风险,这需要企业根据市场需求、自身海外并购动因以及成本收益等原则来综合考虑。此外,本章的经验研究也强调了中国跨国企业在进行海外投资时,一定要认识到其交易事件背后的核心——并购投资动因可能对股权选择行为带来的影响;要认清企业股权选择行为的背后,必然需要有明确的战略动机做支持,避免企业海外并购存在的盲目性、目的性不明确所带来的后续发展隐患。这样,才能保证中国企业在"走出去"的同时"走得好"。

本章实证归纳了企业海外投资动因与股权选择两者之间的基本关系。然而，由于企业异质性资源以及企业所处的外部制度环境的差异，这一基本关系又是否会在不同的情境下产生一些变化呢？这些问题在第五章和第六章有更为详细的阐述。

第五章　异质性资源对企业海外投资动因与股权选择关系的影响

这一章重点考察企业海外投资动因与股权选择的关系是否会受到企业异质性资源的影响。具体来说，在企业海外投资动因影响下，盈利能力作用于股权选择中的影响效应的机理是什么？企业海外投资动因与股权选择的关系是否会受到研发能力的影响？这些问题将在本章得到回答。本章的结构安排如下：第一节为研究设计，主要包括对企业异质性资源变量的设计和选择进行说明，具体包括盈利能力变量的设计和研发能力变量的设计。此外，本章第一节还介绍了新增的两个重要变量的数据来源以及计量模型的构建方法。第二节为实证检验和结果分析，主要内容包括本章重要变量的描述性统计与相关性分析，以及在此基础上展开的 Tobit 回归分析的实证检验结果。第三节为稳健性与内生性检验，本节将进一步使用 Heckman 两阶段回归法以确保研究结论的可靠性。第四节则为本章的主要结论。

第一节　研究设计

一、企业异质性资源变量的设计

本书主要关注盈利能力和研发能力这两种非常重要的企业异质性资源。从现有研究的相关文献来看，其他学者对其变量的刻画和衡量通常采用如下做法。

（一）盈利能力的测量

盈利能力反映出企业盈利水平的高低，是企业竞争力的一种表现，在充分竞争的行业结构中更是如此(金碚和李钢,2007)。已有文献指出,企业自身盈利能力的提升将会给对外投资带来许多优势。例如,Gubbi(2015)研究发现,企业海外并购的股权选择行为会受到收购方盈利能力的影响。Moatti 等(2015)的研究成果也指出,拥有良好盈利能力的新兴市场国家的跨国企业能够选择在适当的时机进入海外市场,并能够作出更加合理的投资决定。此外,盈利能力也能够体现出收购方在并购交易过程中的议价能力。收购方的盈利能力水平越高,其在并购交易中具有的议价能力就越高(Moatti 等,2015)。本书借鉴 Gubbi(2015)、Moatti 等(2015)的做法。利润率指标可以很好地反映企业在每个财务年度内盈利能力的变化情况。因此,本书以营业利润率作为企业盈利能力的代理变量。其计算公式为:营业利润率=营业利润/营业收入。后文的稳健性检验中,依照国内学者梁中华和余森杰(2014)、张西征等(2012)的做法,以销售利润率指标作为盈利能力的代理变量,以增强结论的稳健性。

(二) 研发能力的测量

从已有文献来看,交易成本理论中的企业资产专用性对海外投资股权选择具有重要影响。学者们通常以研发投入强度指标衡量企业的资产专用性程度(徐虹等,2015)。另外,从资源基础观的角度来说,企业研发能力也是一种非常重要的异质性资源(魏谷和孙启新,2014)。关于衡量企业研发指标的文献有很多。国内外学者普遍以企业研发投入与销售收入之比刻画上市公司企业研发能力,这一指标能够很好地反映出企业的技术创新水平以及对研发资源投入的强度(赵毅等,2016;潘越等,2015;朱乃平等,2014;He 和 Wintoki,2016;Brown 等,2009)。因此,本章选取企业研发投入强度作为研发能力的代理变量,以此来反映企业能力的另一个重要维度。

二、变量定义汇总

企业盈利能力和研发能力作为调节变量,是本章中两个反映企业异质性资源的重要因素。控制变量包括股权集中度、海外并购经验、产权背景、公司规模、公司经营杠杆、现金流、产业市场集中度、目标方企业国家市场地位、行业以及时间虚拟变量。本章所涉及的变量定义与计算方法如表 5-1 所示。

表 5-1 本章主要变量定义及计算方法

变量类型	变量名称	变量符号	变量描述
因变量	股权并购比例	$Majority\ Share$	上市公司对海外目标方企业的股权收购比例
	股权收购方式	WOS	是否属于全部股权收购,全部股权收购方式取"1",多数股权收购方式取"0"
核心解释变量	海外投资动因	$Motives$	具有海外市场开拓动因的企业取"1",具有战略资产寻求动因的企业则取"0"
调节变量	盈利能力	$Operating\ Margin$	上市公司并购当期期初的营业利润率
	研发能力	$RDint$	企业研发投入与销售收入之比
控制变量	股权集中度	$CR1$	上市公司并购当期期初第一大股东持股数量与企业总股本之比
	产权背景	SOE	上市公司是否属于国有企业,是取"1",否则取"0"
	海外并购经验	$MAexperience$	上市公司是否具有海外并购经验,是取"1",否则取"0"
	目标方企业国家市场地位	$Developed$	目标方企业所在国家是否为发达国家,是取"1",否则取"0"
	公司规模	$\ln(Firmsize)$	ln(并购当期期初公司账面总资产)
	现金流	$CashFlow$	经营活动现金流净额与期初总资产之比
	公司经营杠杆	$FinanLev$	上市公司并购当期期初财务杠杆
	产业市场集中度	HHI	一个行业中各市场竞争主体所占行业总资产百分比的平方和
	行业虚拟变量	$Industry$	上市公司是否属于制造业行业,是取"1",否则取"0"
	时间虚拟变量	$Yeardummy$	海外并购活动是否发生在金融危机期间,是取"1",否则取"0"

三、样本和数据

本章所用到的研究样本与第四章保持一致。数据方面,企业盈利能力变量数据来自国泰安 CSMAR 数据库,研发能力变量数据来自 CCER 色诺芬数据库,其余变量数据来源与第四章一致。

四、模型设计

为了考察企业资源异质性是否能够影响企业海外投资动因与股权选择之间的关系,本章构建了企业盈利能力和研发能力两个调节变量,以企业海外并购动因为核心解释变量、股权选择为被解释变量的调节效应检验模型。具体模型设计如下。

1. Tobit 模型与设计

Tobit 模型估计介绍如下:

$$y_i^* = x_i'\beta + \varepsilon_i$$
$$y_i = \begin{cases} \alpha & y_i^* \leqslant \alpha \\ y_i^* & \alpha < y_i^* < b \\ b & y_i^* \geqslant b \end{cases} \tag{5.1}$$

基本检验模型 5.2:

$$y_{i,t}^* = \alpha_0 + \beta_1 Motives + \beta_2 Operating\ Margin_{i,t-1} + \beta_3 Controls_{i,t-1} + \varepsilon_{i,t} \tag{5.2}$$

基本检验模型 5.3:

$$y_{i,t}^* = \alpha_0 + \beta_1 Motives + \beta_2 Operating\ Margin_{i,t-1} \times Motives + \beta_3 Operating\ Margin_{i,t-1} + \beta_4 Controls_{i,t-1} + \varepsilon_{i,t} \tag{5.3}$$

基本检验模型 5.4:

$$y_{i,t}^* = \alpha_0 + \beta_1 Motives + \beta_2 RDint_{i,t-1} + \beta_3 Controls_{i,t-1} + \varepsilon_{i,t} \tag{5.4}$$

基本检验模型 5.5:

$$y_{i,t}^* = \alpha_0 + \beta_1 Motives + \beta_2 RDint_{i,t-1} \times Motives + \beta_3 RDint_{i,t-1} + \beta_4 Controls_{i,t-1} + \varepsilon_{i,t} \tag{5.5}$$

其中,$y_{i,t}^*$ 为未被观测的潜变量,$y_{i,t}$ 为股权并购比例,$Motives$、$RDint$ 和 $Operating\ Margin$ 为核心解释变量,$Controls$ 是一系列控制变量,α_0 为模型截距项,$\beta_1\beta_2\beta_3\beta_4$ 为一组待估参数的系数,$\varepsilon_{i,t}$ 为模型的随机干扰项。此处的 a 和 b 分别是因

变量的下限与上限,由于因变量股权并购比例不可能取负值,且股权比例是以 0.5 为下限、1 为上限的截尾变量(censored variable),故本章研究采用标准的 Tobit 模型。

第二节　实证检验和结果分析

一、变量的描述性统计与相关性分析

企业盈利能力和研发能力是两个非常重要的企业异质性资源变量,本章将以此考察企业异质性资源在企业跨境并购项目中的影响。从引入基本回归模型的两个变量来看,企业盈利能力的均值、标准差、中位数分别为 0.0991、0.1556、0.0975,极差为 1.2656(最大值为 0.5573 和最小值为 −0.7083),从数据分布特征来看,均值与中位数非常接近,说明样本上市公司总体来说处于基本盈利状态,但整体盈利水平都不是很高。在企业研发投入变量中,均值为 0.0303,这说明样本公司财务期间内的平均研发支出总额占企业营业收入的 3.03%。整体来说,这与发达国家跨国企业的研发投入比例存在一定差距,研发投入还有待提高。此外,标准差为 0.0536,极差为 0.4302(最大值为 0.4302 和最小值为 0),这说明在样本企业中,企业间的创新投入是存在一定差异性的。表 5-2 分别列示了 Person 相关系数检验结果和 Spearman 相关系数检验结果。从新增变量的相关性系数矩阵检验结果来看,企业盈利能力与现金流显著正相关,相关系数为 0.3750;企业创新投入与股权集中度、企业规模以及产权背景显著负相关,相关系数分别为 −0.2229、−0.2712、−0.2109;其余解释变量之间的两两相关系数普遍很低,相关系数大多在 0.06 以下且不显著。这说明本章的解释变量之间几乎不存在相关性问题,适合作进一步的回归分析;与上一章相同,本书同步利用 R 软件绘制了主要解释变量之间的相关系数矩阵,并进行了数据的可视化处理,以便读者更加直观地了解相关性检验结果。在回归分析之前,本书仍然需要针对回归模型中的各解释变量的多重共线性问题进行检验。本章多重共线性的检验方法与第四章保持一致,仍采用方差膨胀因子和容忍度指标进行检验。本章针对各回归模型中的所有解释变量进行了多重共线性分析,从表 5-3 来看,各模型解释变量的方差膨胀因子均小于 2,远远小于其临界值 10;各变量容忍度的值也均大于 0,并且绝大多数在 0.8 以上。综合以上分析,从本章结果来看,回归模型中的解释变量之间的多重共线性问题并不存在。

表 5-2　本章主要变量的相关系数

变量名称	均值	标准差	Motives	Operating Margin	RDint	CR1	MAexperience	SOE	Finanlev	CashFlow	ln(Firmsize)	HHI	Developed	Industry	Yeardummy
Motives	0.5455	0.4998	1	0.0232	0.0583	-0.0242	-0.0806	-0.0903	-0.0847	0.0276	-0.0046	-0.1567	-0.1715	-0.1100	-0.0567
Operating Margin	0.0991	0.1556	0.0734	1	0.1555	0.0253	0.0371	-0.1665	-0.1844	0.2982	0.0732	-0.0324	-0.0091	-0.1357	-0.0110
RDint	0.0303	0.0536	0.1497	0.0651	1	-0.3059	0.0097	-0.3832	-0.2835	-0.0772	-0.1140	-0.1583	0.1312	0.2657	-0.3180
CR1	0.3838	0.1753	0.0088	0.1006	-0.2229*	1	-0.0209	0.3287	-0.0743	0.0880	0.1541	0.0711	0.0061	0.0911	0.0792
MAexperience	0.1364	0.3445	-0.0806	0.0239	0.0693	-0.0060	1	0.2149	-0.0104	-0.0377	0.2908	0.0351	0.0218	0.1064	-0.0727
SOE	0.4015	0.4921	-0.0903	-0.0868	-0.2712**	0.3424*	0.2149	1	0.2330	0.1048	0.4800	0.0444	-0.0988	-0.0253	0.0476
Finanlev	1.2654	0.7550	0.0137	-0.1226	-0.1383	0.0770	-0.0829	0.2425	1	-0.0528	0.2540	0.1156	-0.0125	-0.0514	0.1525
CashFlow	0.0534	0.0609	0.0009	0.3750**	0.0577	0.1149	-0.0348	0.1021	-0.0743	1	0.2148	-0.0373	0.0982	0.0057	0.1231
ln(Firmsize)	22.4714	1.4546	0.0293	0.1069	-0.2109**	0.1789	0.3080	0.4928***	0.2160	0.2501	1	-0.0299	-0.0385	0.0569	0.1124
HHI	0.1095	0.1124	-0.1504	-0.0248	-0.1234	0.0459	0.0011	-0.0457	-0.0020	-0.0619	-0.0299	1	0.0870	-0.2516	0.1450
Developed	0.6970	0.4613	-0.1715	-0.0579	0.0346	0.0346	0.0218	-0.0988	0.0429	0.0746	-0.0513	-0.0054	1	0.0905	-0.0756
Industry	0.7121	0.4545	-0.1100	-0.1036	0.0132	0.0694	0.1064	-0.0253	0.0811	-0.0052	0.0541	-0.2896*	0.0905	1	0.1222
Yeardummy	0.1136	0.3186	-0.0567	0.0324	-0.1760	0.0714	-0.0727	0.0476	0.0779	0.1621	0.1271	0.1339	-0.0756	0.1222	1

注：相关系数矩阵左下部分为 Pearson 相关系数检验结果，***、**、* 分别表示 t 检验值在 1%、5%、10% 水平下显著（双尾检验）；右上部分为将 Spearman 相关系数检验结果同步列示。

资料来源：作者使用 BVD-Zephyr 数据库、国泰安 CSMAR 数据库并利用 R 软件计算整理。

二、回归结果分析

基于第四章的研究成果,本章主要讨论盈利能力和研发能力在企业海外投资动因作用于股权选择中的影响。表 5-4 报告了引入盈利能力后企业海外投资动因对股权选择的影响,以及盈利能力与海外投资动因的交互项对全样本回归的结果的影响。具体内容如下:从 Model 1 至 Model 3 列示的回归结果来看,模型中的海外投资动因对股权选择的回归系数均为正,而且回归系数均在 1% 水平下显著,其系数的符号与预期一致。此外,模型均通过 Wald 检验且在 5% 水平下显著,说明模型整体上具有良好的解释力度。这进一步说明了上一章的结论是极其稳健的,即在其他因素不变的条件下,与战略资产寻求动因的企业相比,具有海外市场开拓动因的企业更倾向于较高的股权并购比例。在此基础上,本章继续检验中国上市公司盈利能力对海外投资动因和股权选择之间关系的调节效应。从 Model 2 和 Model 3 的结果来看,海外并购动因变量的回归系数在 1% 水平下仍然显著为正。总体来说,企业盈利能力对海外并购的股权选择具有正面影响,且均在 10% 水平下显著。该结果表明,盈利水平越高的中国上市企业,对海外标的企业越倾向于高持股比例的股权选择方式,这也证明了盈利能力是影响企业海外并购股权选择的重要因素。更进一步地,既然盈利能力会影响股权选择,那么它会对企业海外投资动因和股权选择行为两者关系产生何种影响就是需要关注的问题。从表 5-4 列示的 Model 2 和 Model 3 的回归结果来看,*Operating Margin* 和 *Motives* 的交互项的系数在 10% 水平下显著为负。该实证检验结果表明,与战略资产寻求动因的企业相比,在其他因素保持不变的条件下,随着企业盈利能力的不断增强,具有海外市场开拓动因的企业股权并购比例较高的行为会被显著削弱。研究结果充分说明了,在企业海外投资动机决定股权选择行为的逻辑中,企业要充分认识到自身能力(盈利能力)对两者产生的影响。同时,这也说明了有必要在海外并购过程中关注提高企业自身实力的意义。正如本节实证分析所关注的盈利能力指标,企业可以通过提升自身盈利水平增进在海外并购过程中的议价能力,并凭借这一工具进一步优化调整海外并购的股权结构。综上所述,盈利能力在企业海外并购动因中对股权选择行为产生的调节作用,通过了实证模型的检验,这一结果强烈地支持了本书的研究假设 H2。

表 5-3　　模型 1 至模型 3 中主要变量的多重共线性分析结果

变量名称	Model 1 VIF	Model 1 容忍度	Model 2 VIF	Model 2 容忍度	Model 3 VIF	Model 3 容忍度
$Motives$	1.1236	0.8900	1.1436	0.8744	1.1436	0.8744
$Operating\ Margin$	1.2656	0.7902			1.2740	0.7849
$RDint$			1.1810	0.8468	1.1888	0.8412
$CR1$	1.2118	0.8252	1.2120	0.8251	1.2421	0.8051
$MAexperience$	1.2316	0.8119	1.2261	0.8156	1.2327	0.8112
SOE	1.6813	0.5948	1.6326	0.6125	1.6978	0.5890
$Finanlev$	1.1714	0.8537	1.1747	0.8513	1.1771	0.8495
$CashFlow$	1.3267	0.7537	1.1606	0.8616	1.3277	0.7532
$\ln(Firmsize)$	1.6000	0.6250	1.5960	0.6266	1.6100	0.6211
HHI	1.2106	0.8260	1.2144	0.8235	1.2169	0.8217
$Developed$	1.0998	0.9093	1.0898	0.9176	1.1019	0.9075
$Industry$	1.2423	0.8049	1.2228	0.8178	1.2451	0.8031
$Yeardummy$	1.1240	0.8897	1.1434	0.8746	1.1434	0.8746

资料来源：作者使用 BVD-Zephyr 数据库、BVD-OSIRIS 数据库、国泰安 CSMAR 数据库并用 R 软件计算整理。

表 5-4　　海外投资动因、企业盈利能力与股权选择回归结果分析

变量名称	$Majority\ Share$ Model 1	$Majority\ Share$ Model 2	$Majority\ Share$ Model 3
$Motives$	0.0898*** (3.0990)	0.1194*** (3.6160)	0.1169*** (3.5360)
$Operating\ Margin \times Motives$		−0.3242* (−1.8000)	−0.3326* (−1.8490)
$Operating\ Margin$	0.0820 (1.4304)	0.2523* (1.8560)	0.2499* (1.8430)
$RDint$			0.0023 (0.8555)

(续表)

变量名称	Majority Share		
	Model 1	Model 2	Model 3
$CR1$	0.0018**	0.0019**	0.0021**
	(2.1250)	(2.2760)	(2.3891)
$MAexperience$	0.0497	0.0445	0.0455
	(1.1290)	(1.0214)	(1.0460)
SOE	−0.0476	−0.0494	−0.0464
	(−1.3230)	(−1.3880)	(−1.3020)
$Controls$	Yes	Yes	Yes
$Constant$	0.9307***	0.9525***	0.9233***
	(3.6490)	(3.7760)	(3.6370)
$Observations$	132	132	132
$Wald\ Test$	22.8900**	26.7000**	27.5700**

注：系数采用 Tobit 模型进行估计。***、**、*分别表示在1%、5%、10%的水平下显著，括号内数值表示对应系数的 Z 统计量，对数似然值与 Wald 统计量检验结果一并列示。

资料来源：作者使用 BVD-Zephyr 数据库、BVD-OSIRIS 数据库、国泰安 CSMAR 数据库并利用 R 软件计算整理。

表5-5 Model 1 至 Model 3 检验了研发能力对企业海外投资动因与股权选择两者关系的调节作用。总体来说，中国企业的研发投入对海外并购的股权选择有正面影响，即企业的研发能力越强，其资产专用性程度也就越高，从而也越倾向于在海外投资中选择高比例的股权策略。这与先前的相关研究保持一致。然而，需要说明的是，不同于发达国家的跨国企业具有高资产专用性以及研发投入普遍较高的特点，中国企业本身的研发投入支出普遍不高，因此，研发投入并未对海外投资的股权选择策略产生显著的正向影响。从 Model 2 和 Model 3 来看，本书所关注的交互项系数的符号与理论预期一致，但在统计意义上来说并不显著，假设 H3 没有通过实证检验。出现这种情况，可能的解释有以下三个方面：第一，尽管本书的研究对象均为上市公司，都是所在行业中较为领先的代表，但是从整体来讲，由于历史原因，中国企业缺少技术资源和严格的市场准入制度（吴先明和苏志文，2014），中国企业尝试利用海外并购方式跨越技术鸿沟的行为开始出现大幅增长趋势。第二，技术从国外引进、吸收到转化也是一个渐进的过程，因此从整体来说，中国企业在技术方面还与发达国家存在很大差距。第三，参与海外并购的中国上市企业整体研发投入偏低，真正拥有核心技术的样本企

业并不多,因研发能力而对目标方企业形成的相对议价能力并未充分体现。中国企业的研发投入程度较低(资产专用性程度偏低),致使海外目标方对其技术方面的依赖程度不高,中国上市企业调整优化海外并购的股权选择策略的效果也被削弱,由此造成企业的研发能力对企业海外投资动因与股权选择之间的调节关系所产生的影响并不显著。

表 5-5　　海外投资动因、研发能力与股权选择回归结果分析

变量名称	Majority Share		
	Model 1	Model 2	Model 3
$Motives$	0.0870***	0.1036***	0.1032***
	(2.9760)	(2.9490)	(2.9460)
$RDint$	0.0022	0.0083	0.0081
	(1.0201)	(1.0810)	(1.0490)
$RDint \times Motives$		−0.0068	−0.0067
		(−0.8464)	(−0.8365)
$OperatingMargin$			0.0747*
			(1.7577)
$CR1$	0.0020**	0.0020**	0.0019**
	(2.3630)	(2.3880)	(2.2450)
$MAexperience$	0.0531	0.0587	0.0562
	(1.2100)	(1.3250)	(1.2680)
SOE	−0.0504	−0.0481	−0.0428
	(−1.4210)	(−1.3550)	(−1.1840)
$Controls$	Yes	Yes	Yes
$Constant$	0.8919***	0.8953***	0.9076***
	(3.4700)	(3.4930)	(3.5420)
$Observations$	132	132	132
$\log Likelihood$	57.6100	57.9700	58.2500
$Wald\ Test$	22.8500**	23.7000**	24.3700**

注:系数采用 Tobit 模型进行估计。***、**、*分别表示在 1%、5%、10%的水平下显著,括号内数值表示对应系数的 Z 统计量,对数似然值与 Wald 统计量检验结果一并列示。

资料来源:作者使用 BVD-Zephyr 数据库、BVD-OSIRIS 数据库、国泰安 CSMAR 数据库并利用 R 软件计算整理。

第三节 稳健性检验与内生性检验

一、稳健性检验

为了验证本章研究结论的稳健性和可靠性,本节还进行了下列稳健性测试。针对股权选择变量,本章与第四章相同,将股权选择按照虚拟变量重新定义为股权收购方式。将股权收购比例大于95%的视为全部股权收购方式,将股权收购比例大于50%但不大于95%的视为多数股权收购方式,并对其赋值为"1""0"二值分类变量。对其以Probit回归模型进行实证分析,检验得到的结果在表5-6的Model 2中列示。从报告的结果显示,模型整体通过似然比检验且在5%水平下显著。本书核心解释变量回归系数的符号和显著性与表5-5的研究结果一致,即在其他条件相同的情况下,与具有战略资产寻求动因的企业相比,具有海外市场开拓动因的企业更倾向于对目标方企业进行全部股权收购。更重要的是,Model 2中交互项 $Operating\ Margin \times Motives$ 的系数及符号均与表5-5的Model 2和Model 3一致。检验的结果也说明,企业盈利能力的提升会显著调节并购动因与海外股权收购方式之间的关系。以上结果表明,企业的盈利能力这一重要因素对股权策略选择确实能产生显著的影响;与具有战略资产寻求动因的企业相比,随着企业盈利能力的不断提升,具有海外市场开拓动因的企业,其股权并购比例较高的行为会被显著削弱。因此,企业需要关注自身的盈利能力,通过企业的盈利能力这一工具优化海外并购的股权选择策略,并克服中国企业海外并购股权选择过程中的所有权劣势。另外,本书替换模型中的盈利指标营业利润率这一关键的解释变量,选取净利率指标作为企业盈利能力的代理变量。检验得到的结果在表5-6中的Model 1中列示,从回归结果来看,也与表5-5保持一致。此外,从控制变量来看,股权集中度对股权收购方式仍然具有显著的正面影响,中国上市的股权集中度越高,企业则越可能倾向采用完全股权收购方式的股权策略。产权背景对股权收购方式具有负向影响,先前海外并购经验对股权收购方式具有正面影响,但以上变量均在统计意义上不显著。限于篇幅,此处对其余的控制变量不再赘述。综合本部分的稳健性检验,本书认为研究结果较为稳健,基本结论保持不变。

表 5-6　稳健性检验　海外投资动因、企业盈利能力与股权选择回归结果分析

变量名称	Majority Share Tobit Model 1	WOS Probit Model 2
$Motives$	0.1106***	1.2937***
	(3.2991)	(3.9831)
$Net\ Margin$	0.2474*	
	(1.7647)	
$Operating\ Margin$		0.9928*
		(1.8189)
$Net\ Margin \times Motives$	−0.2723*	
	(−1.7172)	
$Operating\ Margin \times Motives$		−2.4375*
		(−1.6804)
$CR1$	0.0019**	0.0179**
	(2.2256)	(2.2096)
$MAexperience$	0.0470	−0.0060
	(1.0782)	(−0.0152)
SOE	−0.0495	−0.1901
	(−1.3924)	(−0.5882)
$Controls$	Yes	Yes
$Constant$	0.9590***	1.6198
	(3.7834)	(0.6820)
$Observations$	132	132
log $Likelihood$	58.8499	−68.9691
$Wald\ Test$	25.7960**	
$LR\ Test$		0.0117**

注：Model1 的系数采用 Tobit 模型进行估计。***、**、* 分别表示在 1%、5%、10%的水平下显著，括号内数值表示对应系数的 Z 统计量，将数似然值与 Wald 统计量检验结果一并列示；Model2 的系数采用 Probit 模型进行估计。***、**、* 分别表示在 1%、5%、10%的水平下显著，括号内数值表示对应系数的 Z 统计量，LR 统计量的结果以 p 值列示。

资料来源：作者使用 BVD-Zephyr 数据库、BVD-OSIRIS 数据库、国泰安 CSMAR 数据库并用 R 软件计算整理。

二、内生性检验

在稳健性检验的基础上,为确保研究结论的可靠性,本书还采取以下方式进行内生性检验。本书的结论还可能受到样本选择性偏误的影响,具体来说,按照已有研究海外并购的惯例,研究样本通常会选择交易状态已经完成的并购事件。为了控制样本选择性偏误可能带来的内生性问题,本书在原有研究样本的基础上,将由中国上市公司在样本期间内主动发起的、未完成的海外并购交易事件纳入研究样本。这些具体的交易状态,包括海外并购交易已正式对外宣告,但并购交易尚在进行状态、暂停中止状态以及撤销状态等。对于样本可能存在的自选择问题,即由于非随机的研究数据遴选过程可能导致的回归结果的有偏估计,本书通过运用 Heckman 两阶段模型来进行内生性检验。在第一阶段,选择中国企业能否成功地完成收购交易(Sucess)这一虚拟变量作为被解释变量,构造 Probit 模型。对于第一阶段模型中的解释变量,本书参考 Li 等(2016)、张建红等(2010)、Stahl 和 Voigt(2008)、Chakrabarti 等(2009)、Brock(2005)等国内外学者的研究,在对原有模型解释变量的基础上增加制度环境层面的文化差异性这一指标。例如,国内学者张建红等(2010)指出,影响中国企业能否成功完成并购交易的一大关键因素,是中国企业与东道国之间的文化差异性。因为文化差异性越大,其收购方加工、收集、整合并购方信息的难度就越大,商业理念存在不匹配性的可能性也就越大;文化差异性越小,中国企业收购的成功概率也就越高。对于该指标的衡量,本书借鉴学者张建红等(2010)的做法,对被并购方设置虚拟变量,如果是受儒家思想和文化影响的国家,则赋值为 1;其他则赋值为 0。基于以上处理,本书在第一阶段使用的 Probit 模型如下:

$$Pr(Sucess = 1 \mid X_{i,t}) = \phi(\alpha_0 + \beta_1 Motives + \beta_2 Operating\ Margin \\ + \beta_3 Culture\ Difference + \beta_4 Controls) \quad (5.6)$$

通过第一阶段模型,计算逆米尔斯比率。该值用于克服样本自选择问题,然后带到原模型(即本书研究假设 1 和假设 2 所用到的基本模型),再进行第二阶段回归分析。表 5-7 列示回归分析结果的同时也报告了逆米尔斯比率统计量。Model 1 和 Model 2 统计量的结果显示,逆米尔斯比率统计量的系数分别为 -0.0548 和 -0.0955,标准误值分别为 0.1222 和 0.1213,p 值分别为 0.6551 和 0.4320,其统计量结果不显著,故不拒绝原假设。由此说明,本书的研究并不存在样本自选择问题。从表 5-7 列示的第二阶段的回归分析结果来看,本书的主要结论依然成立。

表 5-7　内生性检验 Heckman 检验第二阶段回归分析结果

变量名称	Majority Share	
	Model 1	Model 2
$Motives$	0.0957***	0.1320***
	(3.0246)	(3.5631)
$Operating\ Margin \times Motives$	—	−0.3496*
		(−1.8931)
$Operating\ Margin$	0.0754	0.2580*
	(0.7570)	(1.8473)
$CR1$	0.0017*	0.0017*
	(1.7850)	(1.7558)
$MAexperience$	0.0558	0.0534
	(1.2186)	(1.1618)
SOE	−0.0301	−0.0190
	(−0.5769)	(−0.3647)
$Controls$	Yes	Yes
$Constant$	1.0246***	1.1153***
	(3.0993)	(3.3496)
$Observations$	154	154
rho	−0.3463	−0.5955
$Inverse\ Mills\ Ratio$	−0.0548	−0.0955
	(0.1222)	(0.1213)

注：系数采用 Heckman 两阶段模型进行估计。***、*分别表示在1%、10%的水平下显著，括号内数值表示对应系数的 t 统计量，逆米尔斯比率统计量括号内的结果以标准误值列示。

资料来源：作者使用 BVD-Zephyr 数据库、BVD-OSIRIS 数据库、国泰安 CSMAR 数据库并用 R 软件计算整理。

第四节　本章小结

第四章的研究结论表明，企业海外投资动因的确能够影响股权选择行为。本章分别考察企业异质性资源的两个重要来源，即反映企业财务资源的盈利能

力和反映企业创新资源的研发能力,对企业海外并购动因与股权选择之间关系的影响。本章的研究成果小结如下:

第一,企业盈利能力不但能够对海外并购的股权选择关系产生显著、直接的正面影响,而且还可以负向调节企业海外投资动因与股权选择之间的关系。从实证检验的角度来说,盈利水平的提高改善了企业的各方面能力,进而可以影响到具有不同海外投资动因类型企业所存在的股权选择偏好。具体来说,对于具有海外市场开拓动因的企业,随着其企业盈利水平不断提升,股权收购比例较高的倾向(或者采用完全股权收购方式倾向)会得到显著抑制。与之相对的,具有战略资产寻求动因的企业,也可以凭借良好的经营绩效(如盈利水平)去调整并优化初始海外并购的股权结构。从本书构建的战略"三支柱"理论分析角度来看,资源基础观侧重探讨企业需要具备怎样的内部条件去创造和保持竞争优势。中国企业希望通过海外市场、战略性资产创造和保持优势,但是,在向外并购获取资源和能力时,也需要注意企业自身的微观条件,要克服中国企业跨国并购过程中的所有权劣势。本章的经验证据表明,通过提高盈利能力,中国企业可以在很大程度上克服所有权劣势,盈利能力的提升可以提升中国企业海外并购过程中的议价能力,优化企业海外并购的股权策略选择。

第二,总体来说,企业的研发能力对海外投资动因与股权选择之间的关系不具有显著的调节作用。这也说明了中国企业目前与发达国家的目标方企业存在着技术差距,在海外并购谈判中暂时无法凭借自身技术创新带来的相对优势进行充分议价,以优化和调整海外并购的股权选择策略。企业研发投入变量尽管在统计上不具有显著性,但仍然存在一定的经济意义。特别是对于具有战略资产寻求动因的中国企业来讲,技术、知识、研发团队等战略资源的获取仍然需要企业提高创新能力建设,如技术创新以及研发资源的投入。如此企业才可以具备引进技术的能力,从而实现技术追赶、优化海外目标方股权结构以及实现战略资产寻求的目的。

第六章 制度环境对企业海外投资动因与股权选择关系的影响

本章重点考察企业跨境并购项目的投资动因与股权选择的关系是否会受到制度环境的影响。具体来说,本章讨论了中国与其他国家之间的经济制度距离是否会影响企业的海外并购股权选择行为,以及是否会影响企业海外投资动因与股权选择之间的关系。此外,本章还考察了中国企业海外投资动因与股权选择之间,是否存在产权背景差异、行业情境差异以及投资区位选择差异。本章的结构安排如下:第一节为研究设计,主要包括对制度环境变量设计和构建的说明,特别是经济制度距离变量,此外还分别介绍了本章新增变量的数据来源以及计量模型的构建方法;第二节为实证检验和结果分析,主要内容包括重要变量的描述性统计与相关性分析,以及基于 Tobit 回归模型的分组实证检验;第三节则对本章的主要实证进行了小结。

第一节 研究设计

一、制度环境变量的设计

(一) 经济制度距离变量的设计

组织的战略选择本身也是对正式约束和非正式约束的一种反映。作为正式制度距离的重要衡量指标之一的经济制度距离(差异),无疑是海外并购交易复杂程度的影响因子。针对经济制度距离的衡量方法,笔者梳理了国内外制度理论相关的实证文献,与国内外主流研究变量的数据来源和变量刻画方法保持一致,采用美国传统基金会与《华尔街日报》2001 年至 2015 年联合发布的全球经济自由度指数报告,来刻画中国企业与投资标的企业所在东道国(地区)之间的经济制度距离(武立东和杨军节,2016;张先锋等,2016;刘敏等,2016;阎大颖,

2011)。其中,全球经济自由度指数由 10 项指标构成,具体包括产权保护、财政自由度、政府支出、商业自由度、劳动力自由度、货币自由度、贸易自由度、投资自由度、金融自由度以及免于腐败。该指数所包含的 10 项自由度满分均为 100 分,指数总分越高说明该国(地区)的经济制度质量和投资环境越好。值得一提的是,中国香港地区连续 20 多次被评为全球最自由经济体第一位。在本书的样本企业中,内地企业选择目标方企业在香港地区的也占据了很大的比例。本书借鉴国内外主流实证文献中的做法(Kuckertz 等,2016;Arslan 等,2015;Cebula 和 Mixon,2014;武立东和杨军节,2016;黄新飞等,2013),利用全球经济自由度指数对中国与投资东道国的经济制度距离进行构建,计算方法如下:

$$Institution\ distance = \frac{1}{n}\sum_{k=1}^{n}\left[\frac{(I_{k,j}-I_{k,c})^2}{Var_k}\right] \quad (6.1)$$

其中,$I_{k,j}$ 为东道国 j 的全球经济自由度的第 k 项指标,$I_{k,c}$ 为中国的全球经济自由度的第 k 项指标,Var_k 为第 k 项指标的方差,n 为测量的指标数(本书的全球自由度指标共计 10 项)。在构建的同时,可将并购企业所在的国家或区域的经济自由度指标与中国的经济自由度指标配对,得到相应的经济制度距离的数值。在此基础上,检验经济制度环境差异对企业海外并购股权选择的影响,及其对企业海外并购动因与股权选择两者关系产生的影响。

(二) 产权背景变量、行业情境变量与区位选择变量的设计

产权背景变量、行业情境变量以及区位选择变量均与第四章变量设计保持一致。

二、变量定义汇总

经济制度距离为本章的解释变量以及调节变量;产权背景变量、行业情境变量以及区位选择变量为分组检验中需要考察的宏观环境变量;被解释变量(股权选择)、核心解释变量(企业海外投资动因)以及企业盈利能力变量与第四章的定义相同。本章控制变量包括股权集中度、海外并购经验、公司规模、公司经营杠杆、现金流、产业市场集中度以及时间虚拟变量。本章所涉及的变量定义与计算方法如表 6-1 所示。

表 6-1　　　　　　　　本章主要变量定义及计算方法

变量类型	变量名称	变量符号	变量描述
因变量	股权并购比例	Majority Stake	上市公司对海外目标方的股权收购比例
	股权收购方式	WOS	是否属于全部股权收购,全部股权收购方式取"1",多数股权收购方式取"0"
核心解释变量	海外投资动因	Motives	具有海外市场开拓动因的企业取"1",具有战略资产寻求动因的企业则取"0"
企业资源基础变量	企业盈利能力	Operating Margin	上市公司并购当期期初的营业利润率
制度环境变量	经济制度距离	Institudistance	参见本章变量设计
	产权背景	SOE	上市公司是否属于国有企业,是取"1",否则取"0"
	行业情境	Industry	上市公司是否属于制造业行业,是取"1",否则取"0"
	区位选择	Developed	目标方企业所在国家是否为发达国家,是取"1",否则取"0"
控制变量	股权集中度	CR1	上市公司并购当期期初第一大股东持股数量与企业总股本之比
	海外并购经验	MAexperience	上市公司是否具有海外并购经验,是取"1",否则取"0"
	公司规模	ln(Firmsize)	Ln(并购当期期初公司账面总资产)
	现金流	CashFlow	经营活动现金流净额与期初总资产之比
	公司经营杠杆	FinanLev	上市公司并购当期期初财务杠杆比率,控制公司财务风险水平
	产业市场集中度	HHI	赫芬达尔-赫希曼指数,一个行业中各市场竞争主体所占行业总资产百分比的平方和
	时间虚拟变量	Yeardummy	海外并购活动发生在金融危机期间,取"1",否则取"0"

三、样本选取和数据来源

本章所用到的研究样本与第四章保持一致。数据方面,经济制度距离测量需要用到的数据来源于美国传统基金会与《华尔街日报》2001年至2015年联合发布的全球经济自由度指数报告。其余变量数据来源均与第五章一致。

四、模型设计

为了考察制度环境对企业海外投资动因与股权选择之间关系的影响,本章构建了以经济制度距离为调节变量、以企业海外投资动因为核心解释变量、以股权选择为被解释变量的调节效应检验模型,以及经济制度差异性下的分组检验模型。具体模型设计如下。

Tobit 模型估计介绍如下:

$$y_i^* = x_i'\beta + \varepsilon_i$$

$$y_i = \begin{cases} \alpha & y_i^* \leqslant \alpha \\ y_i^* & \alpha < y_i^* < b \\ b & y_i^* \geqslant b \end{cases} \tag{6.2}$$

全样本基本检验模型 6.3:

$$Y_{I,t}^* = \alpha_0 + \beta_1 Motives + \beta_2 Institudistance + \beta_3 Operating\ Margin_{I,t-1} + \beta_4 Controls_{i,t-1} + \varepsilon_{i,t} \tag{6.3}$$

全样本基本检验模型 6.4:

$$y_{i,t}^* = \alpha_0 + \beta_1 Motives + \beta_2 Institudistance \times Motives + \beta_3 Institudistance + \beta_4 Operating\ Margin_{i,t-1} + \beta_5 Controls_{i,t-1} + \varepsilon_{i,t} \tag{6.4}$$

以产权背景、行业情境以及区位选择的分组,检验基本模型 6.5:

$$y_{i,t}^* = \alpha_0 + \beta_1 Motives + \beta_2 Institudistance + \beta_3 Operating\ Margin_{i,t-1} + \beta_4 Controls_{i,t-1} + \varepsilon_{i,t} \tag{6.5}$$

其中,控制变量不包括 $SOE=1$, $SOE=0$; $Industry=1$, $Industry=0$; $Developed=1$, $Developed=0$。

此外,$y_{i,t}^*$ 为股权选择变量,$Motives$、$Institudistance$ 和 $Operating\ Margin$ 为核心解释变量,$Controls$ 为一系列控制变量,α_0 为模型截距项,$\beta_1\beta_2\beta_3\beta_4$ 为一组待估参数的系数,$\varepsilon_{i,t}$ 为模型的随机干扰项。此处的 a 和 b 分别是因变量的下限与上限,由于因变量股权并购比例不可能取负值,且股权比例是以 0.5 为下限、1 为上限的截尾变量(censored variable),本章研究仍采用标准的 Tobit 模型。

第二节 实证检验和结果分析

一、变量的描述性统计与相关性分析

从经济制度距离变量的描述性统计特征来看,以 2014 年中国与样本企业主要投资目的地的经济制度距离为例,在 2014 年中国与主要国家的经济制度距离中,中国与巴西的经济制度距离指数最为接近(0.7154),说明中国与巴西的经济制度环境差异性较小;与丹麦的经济制度距离指数为(6.1042),这说明中国的经济制度环境与丹麦的经济制度环境差异性非常大。此外,在 2014 年度的各个经济体中,中国香港地区的经济自由度指数为 90.1000,位居世界第一。同年,美国的经济自由度指数为 75.5000,位居世界第十二位,与中国的经济制度距离为 2.9108。表 6-2 显示了经济制度距离变量的描述性统计结果,由于篇幅有限,表中只列示了 2014—2016 年中国与投资东道国之间的经济制度距离的描述性结果。从表 6-2 中可以看出,2014—2016 年,中国除了与卢森堡的经济制度距离在缓慢扩大,与世界主要国家的经济制度距离在不断缩小。这反映出伴随着中国经济的发展,中国经济制度各维度的指标也在不断提升和完善。同时,制度环境有利于中国企业"走出去"经济平台的搭建,从而为中国企业海外并购提供较好的制度基础。

表 6-3 分别列示了 Pearson 相关系数检验结果和 Spearman 相关系数检验结果。从相关性系数矩阵检验结果来看,本章新增的经济制度距离变量与海外并购股权比例的正相关关系不显著,相关系数为 0.1360;企业海外投资动

因与股权并购比例依旧在1%水平下显著正相关,相关系数为0.2754;企业盈利能力与自由现金流正相关,且在1%水平下显著,企业规模分别与股权集中度、海外并购经验、企业性质、经营杠杆以及自由现金流呈显著正相关关系,其相关系数分别为0.1789、0.3080、0.4928、0.2160、0.2501。由表6-3可知,主要变量的相关系数最高不超过0.5,并且绝大多数集中在0.2以下且不显著,进而初步判断本章模型中的解释变量不存在多重共线性问题,适合作进一步的回归分析。

表6-2 2014—2016年中国与投资东道国之间的经济制度距离描述性统计

国家	2014年的经济制度距离	2015年的经济制度距离	2016年的经济制度距离
加拿大	3.6417	3.3958	3.1415
英国	3.8624	3.7496	3.4459
德国	3.5420	3.3919	3.4728
丹麦	6.1042	5.9484	5.7184
意大利	2.0458	2.1520	1.9873
美国	2.9108	2.7135	2.7135
荷兰	4.2035	3.9766	3.7041
法国	3.2621	3.4287	3.2400
奥地利	3.5814	3.5298	3.4441
西班牙	2.4121	2.4880	2.3794
卢森堡	3.4713	3.5026	3.6202
澳大利亚	3.9581	3.8241	3.7188
巴西	0.7154	0.7225	0.5044

资料来源:作者使用美国传统基金会与华尔街日报联合发布的,2001年至2015年的全球经济自由度指数报告,并利用R软件计算整理。

表 6-3　本章主要变量的相关系数

变量名称	Majority stake	Motives	Operating Margin	Instidistance	CR1	MAexperience	SOE	Finanlev	CashFlow	ln(Firmsize)
Majority stake	1.0000	0.3489	0.0306	0.1385	0.1348	−0.0129	−0.1120	−0.1185	0.0297	−0.0694
Motives	0.2754***	1.0000	0.0232	0.0343	−0.0242	−0.0806	−0.0903	−0.0847	0.0276	−0.0046
Operating Margin	0.0938	0.0734	1.0000	0.0546	0.0253	0.0371	−0.1665	−0.1844	0.2982	0.0732
Instidistance	0.1360	−0.0097	0.0774	1.0000	0.0107	0.1202	0.0955	0.0439	0.0488	0.0417
CR1	0.1301	0.0088	0.1006	0.0220	1.0000	−0.0209	0.3287	−0.0743	0.0880	0.1541
MAexperience	0.0452	−0.0806	0.0239	0.0950	−0.0060	1.0000	0.2149	−0.0104	−0.0377	0.2908
SOE	−0.1217	−0.0903	−0.0868	0.0804	0.3424***	0.2149**	1.0000	0.2330	0.1048	0.4800
Finanlev	−0.0477	0.0137	−0.1226	0.0276	0.0770	−0.0829	0.2425**	1.0000	−0.0528	0.2540
CashFlow	−0.0408	0.0009	0.3750***	0.0543	0.1149	−0.0348	0.1021	−0.0743	1.0000	0.2148
ln(Firmsize)	−0.0628	0.0293	0.1069	0.0056	0.1789**	0.3080***	0.4928***	0.2160**	0.2501***	1.0000

注：相关系数矩阵左下部分为 Pearson 相关系数检验结果，***、**、* 分别表示 t 检验值在 1%、5% 水平下显著（双尾）；右上部分为 Spearman 相关系数检验结果同步列示。

资料来源：作者使用 BVD-Zephyr 数据库、国泰安 CSMAR 数据库并利用 R 软件计算整理。

二、经济制度距离在企业海外投资动因作用于股权选择中的影响

本部分以制度环境下的经济制度距离变量,考察企业海外投资动因对股权选择的影响。表6-4报告了引入经济制度距离后企业海外投资动因对股权选择行为的影响,以及制度距离变量与企业海外投资动因变量的交互项对全样本回归结果的影响。具体内容如下:从Model 1列示的回归结果来看,模型中的海外投资动因与股权选择的回归系数均为正,而且回归系数均在1%水平下显著,其系数的符号与预期一致。经济制度距离变量的回归系数在10%水平上显著为正,这说明中国企业海外并购的股权选择,会受到中国与投资东道国之间经济制度差异的显著影响。换言之,中国与投资东道国之间的经济制度环境差异越大,中国跨国企业采用全资模式或高比例持股方式的股权决策的概率会越大。此外,模型均通过Wald检验且在1%水平下显著,说明模型整体上具有良好的解释力度。这一结果强烈地支持了本书的研究假设H4a。进一步地,Model 2检验了经济制度距离对企业海外投资动因和股权选择行为之间关系的调节效应。总体来说,海外投资动因变量的回归系数在5%水平下仍然显著为正。经济制度距离对海外并购的股权选择行为具有正向影响且在5%水平下显著,这与Model 1的检验结果保持一致。既然经济制度距离作为影响股权选择的一种重要因素,那么这种因素会对企业海外投资动因和股权选择行为两者的关系产生何种影响就是我们需要关注的问题。从Model 2报告的结果来看,在企业海外投资动因对股权选择行为的调节作用中,经济制度距离的影响并不显著。Model 2中交互项 $Institudistance \times Motives$ 的系数为正,但Z统计量为1.1663,这说明经济制度距离并未强化中国企业海外投资动因与股权选择之间的关系,本书的研究假设H4b没有得到实证检验结果的支持。

表6-4　　海外投资动因、经济制度距离与股权选择回归结果分析

变量名称	Majority Share	
	Model 1	Model 2
$Motives$	0.0861***	0.1930**
	(3.0509)	(2.0136)
$Institudistance \times Motives$		0.0312
		(1.1663)

(续表)

变量名称	Majority Share	
	Model 1	Model 2
$Institudistance$	0.0229*	0.0411**
	(1.7266)	(2.0119)
$Operating\ Margin$	0.0617	0.0475*
	(0.6314)	(1.6854)
$CR1$	0.0019**	0.0020**
	(2.2432)	(2.3172)
$MAexperience$	0.0432	0.0400
	(0.9863)	(0.9181)
SOE	−0.0566*	−0.0563*
	(−1.6505)	(−1.6505)
$Controls$	Yes	Yes
$Constant$	0.8276***	0.7854***
	(3.1790)	(3.0030)
$Observations$	132	132
$Log\ Likelihood$	58.9393	59.6159
$Wald\ Test$	26.0099***	27.6381***

注：系数采用 Tobit 模型进行估计。***、**、* 分别表示在 1%、5%、10% 的水平下显著，括号内数值表示对应系数的 Z 统计量，对数似然值与 Wald 统计量检验结果一并列示。

资料来源：作者使用 BVD-Zephyr 数据库、BVD-OSIRIS 数据库、国泰安 CSMAR 数据库并利用 R 软件计算整理。

三、产权背景的约束效应

本部分以产权背景变量考察企业海外投资动因对股权选择的约束作用。

（一）不同产权背景下的差异性分析

表 6-5 反映了不同产权背景下重要变量的差异性。从小组 A 列示的结果可知，股权集中度、企业规模、海外并购经验、企业经营杠杆等控制变量在国有企业组和非国有企业组之间的差异性非常显著。此外，国有企业组中上述变量的均值和中位数均高于非国有企业组，这说明参与海外并购样本中的国有企业的股权更多集中在国家手中，海外并购经验要高于非国有企业，企业规模也相对较大。小组 B 是基于不同产权背景和海外投资动因双因素分组的差异性分析。从

列示结果可知,具有不同动因类型的企业在不同产权背景下表现出特定股权选择偏好(体现在股权收购比例以及股权收购方式上),即具有海外市场开拓动因的国有企业的股权持股比例显著高于具有战略资产寻求动因的国有企业(显著水平为10%);具有海外市场开拓动因的非国有企业的股权持股比例也显著高于具有战略资产寻求动因的非国有企业(显著水平为5%)。

表 6-5　　　　不同产权背景差异下的重要变量差异性分析

小组 A:基于产权背景全样本的差异性分析

变量名称	国有企业 N=53		非国有企业 N=79		差异性检验	
	均值	中位数	均值	中位数	均值检验 t 值	中位数检验 p 值
$Majority\ Stake$	0.8738	1.0000	0.9159	1.0000	−1.3381	0.2031
$Instidistance$	3.5221	3.5315	3.3512	3.4459	0.9128	0.3027
$CR1$	0.4568	0.4487	0.3349	29.0732	4.0319***	0.0000***
$MAexperience$	0.2264	0.0000	0.0759	0.0000	2.3062**	0.0179**
$\ln(Firmsize)$	23.3432	23.4039	21.8865	21.7680	6.1187***	0.0000***
$CashFlow$	0.0609	0.0644	0.0483	0.0431	1.1538	0.2001
$Finanlev$	1.4881	1.1046	1.1160	1.0195	2.4000**	0.0081***
HHI	0.1033	0.0639	0.1137	0.0743	−0.5422	0.6011

小组 B:基于不同产权背景和海外并购动因双因素分组的差异性分析

	变量名称	海外市场开拓动因		战略资产寻求动因		差异性检验	
		均值	中位数	均值	中位数	均值检验 t 值	中位数检验 p 值
国有企业	$Majority\ Stake$	0.9222	1.0000	0.8272	0.9000	1.8231*	0.0200**
	WOS	0.8077	1.0000	0.4815	0.0000	2.6000**	0.0198**
	$Operating\ Margin$	0.0869	0.0544	0.0786	0.0685	0.3207	0.8732
	$Instidistance$	3.5058	3.5140	3.5375	3.5420	−0.1073	0.8361
	N	26		27			

(续表)

变量名称		海外市场开拓动因		战略资产寻求动因		差异性检验	
		均值	中位数	均值	中位数	均值检验 t 值	中位数检验 p 值
非国有企业	Majority Stake	0.9525	1.0000	0.8648	1.0000	2.5470**	0.0028***
	WOS	0.8478	1.0000	0.5152	1.0000	3.2301***	0.0011***
	Operating Margin	0.1222	0.1366	0.0933	0.1191	0.6674	0.4537
	Instidistance	3.3568	3.4712	3.3436	3.4287	0.0579	0.8501
	N	46		33			

注：t 值是均值差异 t 检验的 t 统计量，p 值是 wilcoxon 秩和检验的 z 统计量的 p 值。***、**、* 分别表示在 1%、5%、10% 的水平下显著。

资料来源：作者使用 BVD-Zephyr 数据库、BVD-OSIRIS 数据库、国泰安 CSMAR 数据库并用 R 软件计算整理。

（二）不同产权背景下企业海外投资动因对股权选择的影响

表 6-6 显示了在国有企业和非国有企业情境下，企业海外投资动因对股权选择的影响。Model 1 为企业海外投资动因对股权选择影响的全样本检验结果；Model 2 列示了在国有企业组中，企业海外投资动因对股权选择的影响。其中，企业海外投资动因在置信水平为 95% 的情况下，对股权选择存在显著影响（系数为 0.0871，Z 统计量为 2.1231）；Model 3 列示了在非国有企业组中，企业海外并购动因对股权选择的影响。其中，企业海外投资动因在置信水平为 99% 的情况下，对股权选择存在显著影响（系数为 0.1200，Z 统计量为 2.7215）。从企业海外投资动因对股权选择的影响回归结果来看，相对于非国有企业，国有企业的海外投资动因对股权选择的影响较小。以上结果表明，对于中国的国有跨国企业而言，国有股权强化了母国的制度压力，创造了带有母国政府因素的政治属性，增加了公司对母国制度的资源依赖，同时也加深了东道国政府对企业的影响。这会使东道国政府乃至企业对跨国企业产生一定的警惕与顾虑，跨国企业在对外投资时面对的压力也非常大。在中国企业对外投资过程中，这种国有股权结构产生了一定的负面影响。国有跨国企业的海外市场投资行为发挥的市场作用也要弱于行政作用。国有企业对政府的资源依赖会削弱国有企业的对外投资意愿，最终也会削弱国有企业自身投资动因

对海外目标方股权安排的影响力。综合上述回归结果的分析,不同产权背景下企业海外投资动因对股权选择的影响通过了实证模型检验。这一结果强烈地支持了本书的研究假设 H5。

表 6-6　不同产权背景下企业海外投资动因对股权选择的影响

变量名称	Majority Share		
	全样本	国有企业组	非国有企业组
	Model 1	Model 2	Model 3
$Motives$	0.0861***	0.0871**	0.1200***
	(3.0509)	(2.1231)	(2.7215)
$Operating\ Margin$	0.0617	0.2880*	0.0119*
	(0.6314)	(1.8725)	(1.7248)
$Instidistance$	0.0229*	0.0039*	0.0425***
	(1.7266)	(1.6593)	(2.7027)
$CR1$	0.0019**	0.0026**	0.0013
	(2.2432)	(1.9610)	(1.2100)
$MAexperience$	0.0432	0.0365	0.0225
	(0.9863)	(0.5931)	(0.3430)
SOE	−0.0566*		
	(−1.6505)		
$Controls$	Yes	Yes	Yes
$Constant$	0.8276***	1.0970**	0.4044
	(3.1790)	(2.5007)	(1.1471)
$Observations$	132	53	79
log $Likelihood$	58.9393	19.4007	45.6721
$Wald\ Test$	26.0099***	16.7793*	22.9587**

注:系数采用 Tobit 模型进行估计。***、**、* 分别表示在 1%、5%、10%的水平下显著,括号内数值表示对应系数的 Z 统计量,对数似然值与 Wald 统计量检验结果一并列示。

资料来源:作者使用 BVD-Zephyr 数据库、BVD-OSIRIS 数据库、国泰安 CSMAR 数据库并利用 R 软件计算整理。

四、行业情境和区位选择差异的约束效应

本部分继续考察在不同行业情境和区位选择差异下,中国企业海外并购动因对股权选择影响的分化表现。

(一) 不同行业情境和区位选择下的差异性分析

表 6-7 显示了不同行业情境、区位差异下,企业海外投资动因的差异性分析结果。列示结果不但表明,具有不同动因类型的企业表现出特定股权选择偏好(体现在股权并购比例以及股权收购方式上),而且也表明,在不同行业情境下,上述关系仍然成立。换言之,具有海外市场开拓动因的制造业企业,其股权持股比例显著高于具有战略资产寻求动因的制造业企业(显著水平为 5%);具有海外市场开拓动因的非制造业企业,其股权持股比例也显著高于具有战略资产寻求动因的制造业企业(显著水平为 5%)。此外,在不同的区位选择下,即在目标方企业所在地是否属于发达国家的分组检验中,上述关系也依然成立。

表 6-7　基于不同行业情境、区位和海外投资动因双因素分组的差异性分析

类型	变量名称	海外市场开拓动因		战略资产寻求动因		差异性检验	
		均值	中位数	均值	中位数	均值检验 t 值	中位数检验 p 值
制造业	Majority Share	0.9431	1.0000	0.8633	1.0000	2.4001**	0.0020***
	WOS	0.8542	1.0000	0.5435	1.0000	3.4000***	0.0010***
	Operating Margin	0.0883	0.0653	0.0896	0.0838	−0.0461	0.7001
	Instidistance	3.5159	3.5120	3.4145	3.4103	0.4604	0.3004
	N	48		46			
非制造业	Majority Share	0.9386	1.0000	0.7971	0.8390	2.3000**	0.0070***
	WOS	0.7917	1.0000	0.3571	0.0000	2.8000***	0.0090***
	Operating Margin	0.1520	0.1384	0.0770	0.1179	1.2001	0.5002
	Instidistance	3.2000	3.2406	3.4847	3.6434	−0.9703	0.4001
	N	24		14			

(续表)

类型	变量名称	海外市场开拓动因		战略资产寻求动因		差异性检验	
		均值	中位数	均值	中位数	均值检验 t 值	中位数检验 p 值
发达国家组	Majority Share	0.9482	1.0000	0.8574	1.0000	2.7000***	0.0002***
	WOS	0.8444	1.0000	0.5319	1.0000	3.4000***	0.0001***
	Operating Margin	0.0914	0.1154	0.0950	0.0889	−0.1200	0.8500
	Instidistance	3.3223	3.3294	3.4514	3.4287	−0.7300	0.4000
	N	45		47			
新兴市场国家组	Majority Share	0.9305	1.0000	0.8134	0.8216	1.9000*	0.0050***
	WOS	0.8148	1.0000	0.3846	0.0000	2.7000***	0.0080***
	Operating Margin	0.1398	0.1115	0.0566	0.1188	1.4000	0.6000
	Instidistance	3.5577	4.2070	3.3570	3.4459	0.4000	0.4000
	N	27		13			

注：t 值是均值差异 t 检验的 t 统计量，p 值是 wilcoxon 秩和检验的 Z 统计量的 p 值。***、**、* 分别表示在 1%、5%、10% 的水平下显著。

资料来源：作者使用 BVD-Zephyr 数据库、BVD-OSIRIS 数据库、国泰安 CSMAR 数据库并用 R 软件计算整理。

（二）不同行业情境下企业海外投资动因对股权选择的影响

表 6-8 显示了在制造业组和非制造业组行业情境下，企业海外投资动因对股权选择的影响。Model 1 为企业海外投资动因对股权选择的影响全样本检验；模型 2 列示了制造业组中，企业海外投资动因对股权选择的影响。其中，在置信水平为 99% 的情况下，企业海外投资动因对股权选择存在显著影响（系数为 0.1534，Z 统计量为 2.9232）；Model 3 列示了在非制造业组中，企业海外投资动因对股权选择的影响。其中，在置信水平为 90% 的情况下，企业海外投资动因对股权选择存在显著影响（系数为 0.0751，Z 统计量为 1.9075）。从企业海外投资动因对股权选择的影响回归结果来看，相对于非制造业组来说，制造业行业的企业海外投资动因对股权选择的影响更为明显。这一结果支持了本书的研究假设 H6。

表 6-8　　　不同行业情境下企业海外投资动因对股权选择的影响

变量名称	Majority Share		
	全样本	制造业组	非制造业组
	Model 1	Model 2	Model 3
Motives	0.0861***	0.1534***	0.0751*
	(3.0509)	(2.9232)	(1.9075)
Operating Margin	0.0617	0.2019	0.2226*
	(0.6314)	(1.5210)	(1.7165)
Instidistance	0.0229*	0.0167*	0.0055
	(1.7266)	(1.6659)	(0.2146)
CR1	0.0019**	0.0015	0.0032**
	(2.2432)	(1.4621)	(2.3834)
MAexperience	0.0432	0.0297	0.1174
	(0.9863)	(0.5977)	(1.2591)
SOE	−0.0566*	−0.0226	−0.1691***
	(−1.6505)	(−0.5308)	(−2.7554)
Controls	Yes	Yes	Yes
Industry	0.0125		
	(0.3760)		
Constant	0.8276***	0.8270***	0.3758
	(3.1790)	(2.6396)	(0.7801)
Observations	132	94	38
log Likelihood	58.9393	42.0737	23.9831
Wald Test	26.0099***	23.2097**	33.8782***

注：系数采用 Tobit 模型进行估计。***、**、*分别表示在 1%、5%、10%的水平下显著。括号内数值表示对应系数的 Z 统计量,对数似然值与 Wald 统计量检验结果一并列示。

资料来源：作者使用 BVD-Zephyr 数据库、BVD-OSIRIS 数据库、国泰安 CSMAR 数据库并利用 R 软件计算整理。

（三）区位选择差异下企业海外投资动因对股权选择的影响

表 6-9 显示了在发达国家和新兴市场国家中,企业海外投资动因对股权选择的影响。Model 1 为企业海外投资动因对股权选择影响的全样本检验；Model 2

列示了在发达国家组中,企业海外投资动因对股权选择的影响。其中,在置信水平为 95% 的情况下,企业海外投资动因对股权选择存在显著的正面影响(系数为 0.1006,Z 统计量为 2.2711);Model 3 列示了在新兴市场国家组中,企业海外投资动因对股权选择的影响。其中,在置信水平为 90% 的情况下,企业海外投资动因对股权选择存在显著的正面影响(系数为 0.0741,Z 统计量为 1.7477)。从企业海外投资动因对股权选择的影响回归结果来看,中国跨国企业的海外投资动因对股权选择的影响在发达国家市场中表现得更为明显。这一检验结果支持了本书的研究假设 H7。

表 6-9　　　　不同投资区位差异下企业海外投资动因对股权选择的影响

变量名称	Majority Share		
	全样本	发达国家组	新兴市场国家组
	Model 1	Model 2	Model 3
Motives	0.0898***	0.1006**	0.0741*
	(3.0987)	(2.2711)	(1.7477)
Operating Margin	0.0820	0.2465**	0.1575
	(0.8304)	(1.9948)	(1.1314)
*CR*1	0.0018**	0.0011	0.0050***
	(2.1247)	(1.0685)	(2.7439)
MAexperience	0.0497	0.0584	0.0774
	(1.1293)	(1.1223)	(1.0012)
SOE	−0.0476	−0.0002	−0.1512***
	(−1.3235)	(−0.0036)	(−2.5813)
Developed Country	0.0175		
	(0.5646)		
Controls	Yes	Yes	Yes
Constant	0.9307***	0.9313***	0.8254**
log *Likelihood*	57.6245	42.9989	24.4707
Wald Test	22.8935**	24.8017**	30.5242***

注:系数采用 Tobit 模型进行估计。***、**、*分别表示在 1%、5%、10% 的水平下显著。括号内数值表示对应系数的 Z 统计量,对数似然值与 Wald 统计量检验结果一并列示。

资料来源:作者使用 BVD-Zephyr 数据库、BVD-OSIRIS 数据库、国泰安 CSMAR 数据库并利用 R 软件计算整理。

第三节　本章小结

本章考察了企业海外投资动因与股权选择之间的关系是否会受制度环境影响这一问题。通过实证检验,现将本章的研究成果小结如下。

第一,经济制度环境差异越大,中国跨国企业对投资东道国目标企业的股权并购比例就越高。但经济制度环境对企业海外投资动因与股权选择之间的关系并不具有显著的调节作用。

第二,作为一种重要的制度安排,产权背景对企业海外投资动因与股权选择之间的基本关系具有一定的约束作用。对于行业情境来说,制造业企业组的海外投资动因对股权选择的影响更为明显;企业的海外投资动因对股权选择的影响在发达国家市场中表现得更为明显。综合本章研究结论,本章内容可以简要归纳为,企业海外投资动因与股权选择之间的基本关系存在产权背景、行业情境以及区位选择的差异。

本章的研究结论具有较强的启示意义,母国与东道国之间的经济制度环境无疑是影响企业海外投资的重要前提条件。一方面,东道国的整体经济制度环境与企业跨国经营成本息息相关,制度环境较好的投资目的地国家(地区)决定了股权选择进入的相对成本较低,区位选择的差异亦会影响企业海外投资的决策。另一方面,母国(中国)的跨国企业投资动因与投资行为又受本土制度环境的影响,特别是受到产权背景因素以及行业因素的影响。产权背景差异决定了企业受政府干预的强度,及其对投资动机与股权选择决策的约束力度。企业所处的行业类型也决定着该行业的国际化潜力。因此,企业在加强微观基础建设的同时,需要充分考虑影响自身发展的外部制约因素,进而更加合理、理性地作出符合企业的、国际化经营的战略决策,以及海外并购的股权策略。

第七章 研究结论与展望

在文献梳理、理论分析、假设提出以及实证检验的基础上，本章对全书进行全面的总结：首先，对本书的重要结论进行回顾和总结，并归纳出本研究的创新之处；其次，对本研究的结论给学术界带来的启示进行阐述；最后，对本研究的不足之处和未来的研究方向进行了展望。

第一节 研究结论与研究创新

一、研究结论

在中国企业海外并购投资规模和金额呈现快速增长的大背景下，企业的海外投资动因是否会影响股权选择行为？进一步地，由于企业异质性资源以及制度环境的差异性，这一基本关系是否会受到上述资源能力和情境的约束？针对上述问题，本书将制度理论、交易成本理论和资源基础观进行深度整合，以此形成"三支柱"理论研究框架，并利用 BVD-Zephyr 全球并购交易数据库中由中国上市公司在 2001 年 1 月至 2016 年 12 月发起的跨境并购事件作为研究样本，对上述问题进行了实证分析。主要研究结论如下。

第一，对于中国跨国企业而言，企业跨境并购项目的投资动因确实对股权选择具有显著影响，具有不同类型海外投资动因的企业存在特定的股权选择偏好。相对于战略资产寻求动因的企业，具有海外市场开拓动因的企业倾向于较高的股权并购比例，这说明在中国企业跨境并购中，具有海外市场开拓动因的企业一般表现出高比重持股的倾向，或者偏好于选择全部股权收购的股权策略；而具有战略资产动因寻求的中国跨国企业，则往往表现出对部分股权收购方式（多数股权收购）这一股权策略的偏爱。此结论为中国跨国企业在开展跨境并购项目时，根据企业自身的投资动因类型选择合理的股权策略提供了适合中国情境的决策依据。

第二,在跨境并购过程中,具有不同类型海外投资动因的企业,其特定的股权选择偏好会受到企业内部资源的约束。总体来说,盈利能力和研发能力作为企业重要的异质性资源,对企业海外投资动因与股权选择行为产生的影响不尽相同。具体而言,企业盈利能力可以显著地调节企业海外投资动因与股权选择之间的关系,即与战略资产寻求动因的企业相比,随着企业盈利能力的不断提升,具有海外市场开拓动因的企业,股权并购比例较高的行为会被显著削弱。然而,能够反映企业资产专用性程度高低的研发能力对上述两者关系的调节效应并不显著。

第三,中国跨国企业跨境并购的投资动因对股权选择的影响,存在产权背景、行业情境、投资区位的差异。这意味着不同类型海外投资动因的企业存在特定的股权选择偏好,而这种偏好会受到来自企业所有权性质、行业类别以及投资区位约束效应的制约。其他条件相同时,国有企业的海外投资动因对股权选择的影响较小;中国制造行业的企业海外投资动因对股权选择的影响更为明显;中国跨国企业的海外并购项目的投资动因对股权选择的影响,在发达国家市场中表现得更为明显。此外,制度搭建了海外并购交易发生的情境结构,中国与投资东道国之间的经济制度距离(差异)对中国企业海外并购的股权选择会产生显著的正向影响,即母国(中国)与东道国之间在经济、制度上的差异越大,中国跨国企业越倾向于选择全部股权收购方式的股权策略。进一步地,研究结果还发现,经济制度距离正向调节企业海外投资动因与股权选择之间的关系,在统计意义上不显著,即随着中国与投资东道国经济、制度距离(差异)的扩大,具有海外市场开拓导向型动因的企业的股权并购比例较高的行为会被强化,但并不显著。

二、本书创新之处

本书研究的核心是中国企业跨境并购项目的投资动因对股权选择的影响,在此基础上,本书考察了企业异质性资源和制度环境因素在其中的约束作用。通过系统性的研究,本书创新之处表现在以下三个方面。

(一) 对中国企业海外投资动因类型的构造、量化及其在海外并购股权选择决策中的应用

本书关注由企业海外投资动因转化为投资效果的过程机制。对于评估中国跨国企业海外投资动因的经济效果而言,以往的研究多采用案例分析方法,并且比较注重在既有传统理论视角下探讨不同海外并购投资动因类型的差异性,关

于从企业海外投资动因转化为投资效果的过程机制的探讨未得到足够重视。究其缘由,固然有中国企业国际化发展目前还处在比较初级的阶段,缺乏足够可研究的样本数量的原因,然而更为重要的原因是,对企业跨境并购项目的投资动因的量化和构造存在一定困难。本书侧重从资源基础观和对外直接投资相关理论的最新研究成果出发,聚焦当下中国现实情境中最为重要的两类海外并购动因类型(海外市场开拓导向型和战略资产寻求导向型),通过收集企业海外投资动因的信息文本,借鉴扎根理论,在挖掘财务文本信息的同时对其进行分类量化,该变量的刻画是本书的一大创新点。本书对中国企业海外投资动因的构造和量化,既区分了两种海外投资动因的类型,又为企业海外收购的股权选择差异性提供了一种新的解释,也为今后学术界由海外投资动因转化为投资效果方面的实证研究提供了好的研究思路。

(二)从多元化的研究视角对中国企业海外并购的股权选择决策机理进行剖析

本书在回顾跨国企业海外投资股权选择的影响因素的相关文献基础上,分析了目前学术界占据统治地位的交易成本理论和制度理论在探究关键性影响因素方面的局限性。本书在对以上两种理论文献及其局限性进行分析的基础上,从资源基础观这一新的视角来剖析中国企业选择股权方式的影响机理,将资源基础观与制度理论、交易成本理论相整合,将其纳入企业选择股权方式的影响机理的分析框架。企业海外并购股权选择,不仅是基于交易成本理论的节约交易成本的效率性行为和基于制度理论的组织获得外部乃至内部的合法性行为,而且是基于资源基础观的战略性海外投资动机转化为投资效果的经济行为。本书在企业海外并购股权选择方式上,挖掘出微观企业主体深层的独特性影响因素,由此也提出了新的观点。此外,在探索不同类型海外并购动因影响股权选择方式的路径中,本书还进一步勾勒了企业资源基础和制度差异对企业股权选择决策方式的影响机理。本书将资源基础观运用到跨国经营领域,并将其与制度理论、交易成本理论整合,能够规避研究结论缺乏普遍性等问题,从更加全面、科学的角度去考虑企业海外并购股权策略选择的影响因素,同时也为相关研究及企业的科学决策提供有益的借鉴。

(三)分层构建了企业跨境并购项目的投资动因对股权选择影响的研究模型

通过本书架构的安排,可以了解本书中更为细化的问题,逐步揭开在开展海外并购项目中,中国企业投资动因影响股权策略选择的神秘面纱。首先,对微观企业主体深层因素的独特性进行挖掘,以企业跨境并购项目的投资动因为出发点,分析其对股权选择的影响路径,从而厘清企业深层独特性的重要因素与海外投资股权选择之间复杂的因果关系。其次,分层次细化研究问题:不同企业拥有的资源和能力是具有差异性的,这些组织内部现存的异质性资源又如何对企业海外投资动因与股权选择两者关系产生约束性影响。此外,制度环境搭建了海外并购交易发生的情境结构,本书分析了制度环境差异性如何对上述两者关系产生影响。最后,逐步剖析企业异质性资源、制度环境因素对企业海外投资动因与股权选择两者关系的约束作用机制,保证了研究的广度和深度,能够使本书更加接近企业决策的真实情况,从而构建出更加全面和科学的股权策略选择的理论模型。

第二节 研究启示

对中国跨国企业管理层和政府部门而言,本书具有较强的启示意义。

一、给企业管理层的启示

资源基础观关注企业需要具备怎样的资源和能力来创造和保持竞争优势,而中国跨国企业的海外市场开拓和战略资产寻求这两大主要的海外投资动因,本质上正是通过外部市场机会、渠道、网络、市场客户群、技术、研发资源、管理经验、品牌提升自身竞争力,实质上也是跨国企业后来者为克服所有权劣势而采用的投资策略。本书的研究表明,企业跨境并购项目的投资动因确实会影响股权选择决策。经验研究也强调了,中国跨国企业进行海外投资时,由于资金量投入巨大,所期望的项目回报往往较高,并且涉及的跨境交易风险又非常大。因此,对于企业而言,有以下几点要注意。

首先,企业管理层一定要认识到交易事件背后的核心投资动因可能对股权选择决策带来的影响,要认识到企业股权选择决策的背后,必然需要有明确的战略动机做支持,避免企业海外并购的盲目性而带来的隐患。这样,才能保证中国企业在"走出去"的同时"走得好"。其次,企业高层管理者需要认识到,对于公司海外并购的股权结构而言,持有高比例的股权份额并不代表对海外组织的控制。股权结构作为公司内部控制的产权基础,其股权比例只是实现支配意愿和支配强度的基本方法，大量资金的投入反而会导致企业承受高杠杆风险。这需要企业根据市场需求、自身跨境并购项目的投资意图以及成本收益等原则来综合考虑，避免进入完全控股的选择误区。最后，企业还需要认识到在跨国经营中积累企业内部资源能力的重要性。中国企业希望通过海外市场机会、战略性资产保持优势，但是这需要企业内部逐渐积累的资源和能力作为保证。此外，克服中国企业跨国并购过程中的所有权劣势，也需要加强微观企业自身已有的资源基础建设，特别是中国企业在国际化过程中应注重自身盈利能力和研发能力的培养。在盈利能力方面，企业可以通过提升自身盈利水平提高自身竞争力，以此调整优化海外并购的股权结构，理性地进行股权选择。创新资源或研发能力是企业成长的重要保障，企业通过海外并购去获取技术、专利、研发团队等战略资产。若企业不能完全地自主研发，只有通过不断地修炼"内功"，进一步加大研发资源的投入，不断转化研究成果，夯实企业现存的资源基础，才能更加有效地完成对海外目标企业战略资产的引进、吸收和转化，从而在真正意义上实现中国企业实施海外并购项目的投资目的。

二、给政府部门层面的启示

尽管海外并购的主体是企业双方，但是政府亦可以发挥重要影响，特别是优良的经济制度环境可产生重要作用。本书的研究结果表明，母国与东道国之间的经济制度环境差异无疑是影响企业海外投资的重要因素。对于经济制度差异而言，东道国的整体经济制度环境、东道国与母国之间的经济制度的差异与企业跨国经营成本息息相关，制度环境较好的投资目的地能够决定股权选择进入的相对成本。因此，中国政府应该继续致力于提高经济制度水平，优化本土的制度环境，如提升腐败治理水平，加大产权保护力度，优化商业环境，以及提高市场开放程度等，逐步缩小我国与世界发达国家在经济制度环境方面的距离（差异），进而更好地使中国跨国企业在"走出去"的过程中受益。

第三节 研究不足与展望

一、不足之处

尽管本书较为系统地研究了中国企业跨境并购项目的投资动因对股权选择

的影响效应,并考察了企业异质性资源和制度环境因素对上述两者关系的约束作用,通过实证研究初步取得了一定的研究成果,但是还存在一定的不足之处,具体主要体现在以下几个方面。

第一,研究数据的局限性。一方面,本书以中国上市公司的跨境并购交易事件作为初始研究样本,并聚焦于中国企业最为重要的两类海外投资动因,在此基础上对132起中国上市企业海外并购交易样本进行了实证分析。本书虽然具有一定代表性,但仍需要通过扩大样本容量增强研究结论的普遍性。另一方面,在海外并购交易中的目标企业数据的可获取性上,本书主要使用了 BVD-Zephyr 数据库、BVD-OSIRIS 数据库、国泰安 CSMAR 数据库,并试图通过 BVD-Oriana 亚太企业数据库以及 Compustat 数据库进行辅助查询,以完善目标企业特征数据。然而,从我国上市公司跨境并购的目标方企业来看,境外目标企业为非上市公司的占据了研究样本的绝大多数,因而通过现有途径获取海外目标企业数据的难度较大。故本书在实证模型中,控制变量可能无法包含更多的目标企业的特征数据。

第二,研究变量的分类度量的偏差。本书在研究中国企业海外投资动因对股权选择的影响时,借鉴现有海外并购领域主流和最新的研究成果,通过文本分析并利用扎根理论,对中国企业跨境并购交易事件中的投资动因进行编码量化,为实证检验中国企业由投资动因转化为投资效果的影响路径提供了新的思路和可能性。但是,需要注意的是,企业海外投资动因往往可能不完全公开,此时,公众投资者通过财报所获取的信息可能是不完备的。本书假定中国上市企业发布的海外并购交易公告的信息是真实、准确、完整的,其背后的跨境并购项目的核心投资动因与实际公告中陈述的投资动因保持一致,否则会引发动因分类判断的度量偏差。尽管为避免产生这类偏差,本书对公告信息进行多方核对并且严格按照编码程序进行分类,但是这种遗憾不太可能完全避免。

第三,研究范围的局限性。本书主要考察了海外市场开拓型和战略资产寻求型这两类在当下中国现实情境中最为重要的企业海外投资动因,而没有考察企业所具有的优质自然资源寻求型动因对海外并购股权选择产生的影响。今后的研究可以进一步补充此内容以完善本书的研究结论。

二、未来可能的研究方向

基于本研究的不足,后续的研究可以从以下两个方面完善。

第一,进一步扩大样本容量。一方面,需要持续跟踪中国上市企业在未来经营期间内发生并且完成的跨境并购交易项目，扩大样本事件的数目。另一方面，可以进一步削弱非上市企业跨境并购数据获得的难度，例如，通过积极跟踪并关注非上市大中型企业的跨境并购投资项目，扩大样本选取范围，这有助于获得更具普遍性的研究结论。

第二，进一步拓展研究范围。首先，可以考虑纳入具有优质自然资源寻求和以效率寻求为主要投资动因的海外投资交易事件，进而可以更加多样化的海外投资动因类型作为出发点，扩大中国跨国企业海外投资动因的经济效果的研究范围。其次，本书聚焦于新兴市场国家中具有代表性的中国企业，未来研究还可以进一步考察其他新兴经济体国家的跨国企业与中国企业是否存在差异，并探究其异同，以便更深入地检验研究结论的适用边界。最后，少量不显著的研究结论，也可以纳入后续的研究计划。例如，企业海外投资动因与经济制度距离对海外收购的股权策略选择的联合影响方式难以确定，即该交互项在回归结果中不显著，因此经济制度差异性对企业海外并购动因与股权选择之间关系的影响，可以作为未来理论研究和实证模型修正的一个切入点。

附　录

附录 A　本书的跨境并购样本原始数据

跨境并购交易ID	收购方名称	行业类别	交易完成日期	交易金额（千欧元）	目标方名称	目标方所在区域/国家代码
19071118143	上海锦江国际酒店发展股份有限公司	住宿业	2016/2/26	1 187 294.72	KEYSTONE LODGING HOLDINGS LTD.	KY
19071221916	浙江哈尔斯真空器皿股份有限公司	金属制品业	2016/3/23	14 752.62	SIGG SWITZERLAND BOTTLES AG	CH
19071224751	重庆新世纪游轮股份有限公司	互联网和相关服务	2016/4/7	177 240.51	GIANT INTERACTIVE GROUP INC.	KY
19071229638	浙江双箭橡胶股份有限公司	橡胶和塑料制品业	2016/3/31	1 638.91	INTERNATIONAL CONVEYOR PRODUCTS PTY LTD.	AU
19071240853	京东方科技集团股份有限公司	计算机、通信和其他电子设备制造业	2016/4/28	159 346.39	VARITRONIX INTERNATIONAL LTD.	BM
19071248378	新奥生态控股股份有限公司	化学原料及化学制品制造业	2016/5/6	661 927.65	UNITED FAITH VENTURES LTD.	VG

(续表)

跨境并购交易 ID	收购方名称	行业类别	交易完成日期	交易金额（千欧元）	目标方名称	目标方所在区域/国家代码
1907150115	北京神州绿盟信息安全科技股份有限公司	软件和信息技术服务业	2016/3/30	2 037.49	NSFOCUS（HONG KONG）CO.，LTD.	HK
1909125494	青岛海尔股份有限公司	电气机械及器材制造业	2016/6/6	4 754 707.05	GE APPLIANCES	US
1909153045	中储发展股份有限公司	仓储业	2016/1/5	55 400.72	HENRY BATH & SON LTD.	GB
1909224345	厦门银润投资股份有限公司	房地产业	2016/6/3	307 374.6	XUEDA EDUCATION GROUP	KY
1909269768	成都天翔环境股份有限公司	通用设备制造业	2016/4/1	240 000	BILFINGER WATER TECHNOLOGIES GMBH	DE
1909301563	三诺生物传感股份有限公司	专用设备制造业	2016/1/7	253 316.7	NIPRO DIAGNOSTICS INC.	US
1909325371	浙江银轮机械股份有限公司	汽车制造业	2016/5/19	50 473.63	THERMAL DYNAMICS LLC.	US
1909329116	浙江海亮股份有限公司	有色金属冶炼及压延加工业	2016/4/1	26 363.89	JMF COMPANY	US
1909347121	武汉道博股份有限公司	广播、电视、电影和影视录音制作业	2016/5/23	37 000	GRANADA CLUB DE FUTBOL SAD	ES
1909403461	杭州炬华科技股份有限公司	仪器仪表制造业	2016/2/16	NA	LOGAREX SMART METERING SRO	CZ
1909421272	上海开创国际海洋资源股份有限公司	渔业	2016/5/9	61 000	HIJOS DE CARLOS ALBO SL	ES

(续表)

跨境并购交易ID	收购方名称	行业类别	交易完成日期	交易金额（千欧元）	目标方名称	目标方所在区域/国家代码
1909426125	上海巴安水务股份有限公司	土木工程建筑业	2016/4/12	38 820	KWI CORPORATE VERWALTUNGS GMBH	AT
1909426644	中国民航信息网络股份有限公司	软件和信息技术服务业	2016/5/6	33 762.42	OPENJAW TECHNOLOGIES LTD.	IE
1909438265	湖南大康农业食品股份有限公司	畜牧业	2016/6/13	252 530.37	FIAGRIL PARTICIPACOES SA	BR
1909441508	杭州海康威视数字技术股份有限公司	计算机、通信和其他电子设备制造业	2016/5/20	NA	PYRONIX LTD.	GB
1909443859	焦点科技股份有限公司	互联网和相关服务	2016/5/19	NA	DOBA INC.	US
1939000151	朗源股份有限公司	农副食品加工业	2016/3/23	NA	CLOUDRIDER LTD.	VG
1939001830	南京中生联合股份有限公司	零售业	2016/6/14	NA	LIVING NATURE NATURAL PRODUCTS LTD.	NZ
1909434716	杭州联络互动信息科技股份有限公司	软件和信息技术服务业	2016/8/22	17 677.07	DEHAIER MEDICAL SYSTEMS LTD.	VG
1909399508	苏州东山精密制造股份有限公司	金属制品业	2016/7/27	555 123.74	MULTI-FINELINE ELECTRONIX INC.	US
1907161626	天津九安医疗电子股份有限公司	专用设备制造业	2016/8/31	93 884.00	EDEVICE SA	FR

（续表）

跨境并购交易 ID	收购方名称	行业类别	交易完成日期	交易金额（千欧元）	目标方名称	目标方所在区域/国家代码
1909462969	苏交科集团股份有限公司	专业技术服务业	2016/9/19	46 000.00	EPTISA SERVICIOS INGENIERIA SL	ES
1907146391	烟台新潮实业股份有限公司	综合	2016/8/9	27 094.83	BLUE WHALE ENERGY NORTH AMERICA CORPORATION	US
1907075344	双林集团股份有限公司	汽车制造业	2015/3/31	NA	DSI HOLDINGS PTY LTD.	AU
1907081535	烟台冰轮股份有限公司	通用设备制造业	2015/8/7	31 148.52	YANTAI MOON GROUP (HONG KONG) LTD.	HK
1907092146	大连天神娱乐股份有限公司	互联网和相关服务业	2015/10/28	295 127.71	AVAZU INC.	BN
1907098301	北京东方国信科技股份有限公司	软件和信息技术服务业	2015/7/10	25 139.58	COTOPAXI LTD.	GB
1907119766	深圳能源集团股份有限公司	电力、热力生产和供应业	2015/12/10	492 504.07	CPT WYNDHAM HOLDINGS LTD.	KY
1909122347	西安陕鼓动力股份有限公司	电气机械及器材制造业	2015/7/27	49 569.94	EKOL SRO	CZ
1909152347	上海锦江国际酒店发展股份有限公司	住宿业	2015/3/1	1 300 000	GROUPE DU LOUVRE SASU	FR
1909155184	山东钢铁股份有限公司	黑色金属冶炼及压延加工业	2015/4/22	158 324.76	AFRICAN MINERALS LTD'S TONKOLILI MINE IN SIERRA LEONE	SL

（续表）

跨境并购交易 ID	收购方名称	行业类别	交易完成日期	交易金额（千欧元）	目标方名称	目标方所在区域/国家代码
1909167941	天水华天科技股份有限公司	计算机、通信和其他电子设备制造业	2015/4/1	39 109.79	FLIPCHIP INTERNATIONAL LLC.	US
1909196632	株洲中车时代电气股份有限公司	电气机械及器材制造业	2015/4/9	165 538.82	SPECIALIST MACHINE DEVELOPMENTS (SMD) LTD.	GB
1909199945	安徽中鼎密封件股份有限公司	橡胶和塑料制品业	2015/4/20	95 000	WEGU HOLDING GMBH	DE
1909217176	海虹企业(控股)股份有限公司	互联网和相关服务	2015/3/31	NA	GREEN BOARD GAME COMPANY	GB
1909222464	中山大洋电机股份有限公司	电气机械及器材制造业	2015/4/7	NA	PRESTOLITE ELECTRIC INC.	US
1909227734	凌云工业股份有限公司	汽车制造业	2015/3/19	7 000	WALDASCHAFF AUTOMOTIVE GMBH	DE
1909244453	星辉互动娱乐股份有限公司	文教、工美、体育和娱乐用品制造业	2015/11/3	17 800	RCD ESPANYOL DE BARCELONA SAD	ES
1909246072	摩登大道时尚集团股份有限公司	纺织服装、服饰业	2015/6/9	40 680	LEVITAS SPA	IT
1909262620	盈方微电子股份有限公司	计算机、通信和其他电子设备制造业	2015/7/20	46.13	SOARING WISDOM CAPITAL LLC.	US

(续表)

跨境并购交易 ID	收购方名称	行业类别	交易完成日期	交易金额（千欧元）	目标方名称	目标方所在区域/国家代码
1909264270	深圳市新国都技术股份有限公司	专用设备制造业	2015/10/8	4 183.05	EXADIGM INC.	US
1909269763	湖北富邦科技股份有限公司	化学原料及化学制品制造业	2015/8/4	17 800	HNC HOLDING BV	NL
1909272455	利亚德光电股份有限公司	计算机、通信和其他电子设备制造业	2015/11/27	147 853.05	PLANAR SYSTEMS INC.	US
1909288814	华邦生命健康股份有限公司	医药制造业	2015/10/16	8 000	RHEINTAL KLINIK GMBH & CO. PORTEN KG	DE
1909314070	烟台张裕葡萄酿酒股份有限公司	酒、饮料和精制茶制造业	2015/11/26	3 330	SCA DU CHATEAU MIREFLEURS	FR
1909347315	江苏康得新复合材料股份有限公司	橡胶和塑料制品业	2015/12/24	11 513.782	DIMENCO HOLDING BV	NL
1907061219	广东伊立浦电器股份有限公司	电气机械及器材制造业	2014/8/16	7 209.07	ELECPRO INTERNATIONAL INVESTMENT HOLDINGS LTD.	HK
1907069234	江苏常铝铝业股份有限公司	有色金属冶炼及压延加工业	2014/10/24	7 903.81	OUCHANG INTERNATIONAL LTD.	HK
1909011537	株洲时代新材料科技股份有限公司	橡胶和塑料制品业	2014/9/1	290 000	ZF FRIEDRICHSHAFEN AG'S RUBBER AND PLASTICS DIVISION	DE

(续表)

跨境并购交易 ID	收购方名称	行业类别	交易完成日期	交易金额（千欧元）	目标方名称	目标方所在区域/国家代码
1909053114	南京新街口百货商店股份有限公司	零售业	2014/9/2	540 480.89	HIGHLAND GROUP HOLDINGS LTD.	GB
1909067614	中航工业机电系统股份有限公司	铁路、船舶、航空航天和其它运输设备制造业	2014/5/29	473 000	HILITE INTERNATIONAL INC.	DE
1909071820	海润光伏科技股份有限公司	计算机、通信和其他电子设备制造业	2014/2/13	2 321.58	BRILLIANT HARVEST 003 LTD.	GB
1909071911	天顺风能（苏州）股份有限公司	电气机械及器材制造业	2014/2/12	NA	GARDIT A/S	DK
1909096216	际华集团股份有限公司	纺织服装、服饰业	2014/4/4	NA	CONCERIA DEL CHIENTI SPA	IT
1909103778	江苏凤凰出版传媒股份有限公司	新闻和出版业	2014/5/13	58 156.44	PUBLICATIONS INTERNATIONAL LTD. 'S CHILDREN'S BOOK BUSINESS	US
1909106960	上海集优机械股份有限公司	专用设备制造业	2014/8/28	325 000	NEDFAST INVESTMENT BV	NL
1909112542	马鞍山钢铁股份有限公司	黑色金属冶炼及压延加工业	2014/6/9	13 000	VALDUNES SAS' ASSETS	FR
1909126934	浙江日发精密机械股份有限公司	通用设备制造业	2014/7/22	11 091.84	MACHINING CENTERS MANUFACTURING SPA	IT
1909133501	中联重科股份有限公司	专用设备制造业	2014/8/8	NA	RAXTAR BV	NL

（续表）

跨境并购交易 ID	收购方名称	行业类别	交易完成日期	交易金额（千欧元）	目标方名称	目标方所在区域/国家代码
1909137267	天津长荣印刷设备股份有限公司	专用设备制造业	2014/8/6	NA	HEIDELBERGER DRUCKMASCHINEN AG'S FINISHING MACHINERY OPERATION	DE
1909140977	常州星宇车灯股份有限公司	汽车制造业	2014/8/26	4 600	NEUE I&T	AT
1909153529	上海益民商业集团股份有限公司	零售业	2014/10/6	NA	GRUPPO SALOV SPA	IT
1909158668	歌尔股份有限公司	计算机、通信和其他电子设备制造业	2014/10/22	NA	DYNAUDIO A/S	DK
1909169787	河北钢铁股份有限公司	黑色金属冶炼及压延加工业	2014/11/18	321 284.05	DUFERCO INTERNATIONAL TRADING HOLDING SA	LU
1909172854	北京蓝色光标品牌管理顾问股份有限公司	商务服务业	2014/12/15	171 714.53	VISION7 INTERNATIONAL ULC	CA
1909211587	华电福新能源股份有限公司	电力、热力生产和供应业	2014/11/27	NA	ELECDEY BACHIN SA	ES
1601268362	武汉钢铁股份有限公司	黑色金属冶炼及压延加工业	2013/7/31	260 000	THYSSENKRUPP TAILORED BLANKS GMBH	DE
1601279685	秦皇岛天业通联重工股份有限公司	专用设备制造业	2013/5/9	4 500	EDEN TECHNOLOGY SRL	IT

（续表）

跨境并购交易ID	收购方名称	行业类别	交易完成日期	交易金额（千欧元）	目标方名称	目标方所在区域/国家代码
1601427082	武汉光迅科技股份有限公司	计算机、通信和其他电子设备制造业	2013/2/15	1 946.51	IGNIS PHOTONYX A/S	DK
1601479909	宁波华翔电子股份有限公司	汽车制造业	2013/5/28	34 200	HIB-TRIM PART SOLUTIONS BRUCHSAL GMBH & CO. KG	DE
1633069736	广州药业股份有限公司	医药制造业	2013/7/3	17 236.42	PO LIAN DEVELOPMENT CO., LTD.	HK
1633111859	中联重科股份有限公司	专用设备制造业	2013/8/20	99 348	ZOOMLION CIFA (H.K.) HOLDING CO., LTD.	HK
1647004630	青岛金王应用化学股份有限公司	化学原料及化学制品制造业	2013/5/31	12 302.4	HONGKONG PROSPECT TRADINGS LTD.	HK
1907000617	启迪桑德环境资源股份有限公司	生态保护和环境治理业	2013/7/30	32.82	SOUND ENVIRONMENT (HONG KONG) CO., LTD.	HK
1909035920	烟台张裕葡萄酿酒股份有限公司	酒、饮料和精制茶制造业	2013/10/18	NA	ROULLET-FRANSAC SARL	FR
1909051063	大族激光科技产业集团股份有限公司	专用设备制造业	2013/12/12	NA	NEXTEC TECHNOLOGIES 2001 LTD.	IL
1909053927	北京蓝色光标品牌管理顾问股份有限公司	商务服务业	2013/12/18	21 784.97	WE ARE SOCIAL LTD.	GB
1601301076	三一重工股份有限公司	专用设备制造业	2012/4/18	5.00E+05	PUTZMEISTER HOLDING GMBH	DE

（续表）

跨境并购交易ID	收购方名称	行业类别	交易完成日期	交易金额（千欧元）	目标方名称	目标方所在区域/国家代码
1601342161	大连橡胶塑料机械股份有限公司	专用设备制造业	2012/2/8	NA	BUZULUK AS	CZ
1601348725	思创医惠科技股份有限公司	计算机、通信和其他电子设备制造业	2012/3/28	2 470.36	MW SECURITY AB	SE
1601429968	潍柴动力股份有限公司	汽车制造业	2012/12/27	271 000	LINDE HYDRAULICS	DE
1601442086	苏州金螳螂建筑装饰股份有限公司	建筑装饰和其他建筑业	2012/12/31	56 842.5	HIRSCH BEDNER ASSOCIATES DESIGN CONSULTANTS	US
1601444343	均胜电子股份有限公司	铁路、船舶、航空航天和其它运输设备制造业	2012/12/17	NA	PREH GMBH	DE
1601495755	浙江三花股份有限公司	通用设备制造业	2012/11/21	21 650.71	AWECO APPLIANCE SYSTEMS GMBH & CO. KG'S REFRIGERATOR COMPONENTS UNIT	DE
1907026100	赛轮集团股份有限公司	橡胶和塑料制品业	2012/10/13	7 383.77	SAILUN (VIETNAM) CO., LTD.	VN
1601166989	万华化学集团股份有限公司	化学原料及化学制品制造业	2011/2/1	1 230 000	BORSODCHEM ZRT	HU

（续表）

跨境并购交易ID	收购方名称	行业类别	交易完成日期	交易金额（千欧元）	目标方名称	目标方所在区域/国家代码
1601239981	内蒙古福瑞医疗科技股份有限公司	医药制造业	2011/8/16	20 000	ECHOSENS SAS	FR
1601293086	中兴通讯股份有限公司	计算机、通信和其他电子设备制造业	2011/8/13	NA	CELESTICA DO BRASIL LTD.	BR
1601316975	宁波华翔电子股份有限公司	汽车制造业	2011/11/29	19 000	SELLNER GMBH	DE
1601337283	用友网络科技股份有限公司	软件和信息技术服务业	2011/11/8	NA	YUNANO	FR
1601361027	徐工集团工程机械股份有限公司	专用设备制造业	2011/12/31	NA	FLUITRONICS GMBH	DE
1601378104	浙江永强集团股份有限公司	家具制造业	2011/4/30	NA	MWH METALLWERK HELMSTADT GMBH	DE
1633015351	上海医药集团股份有限公司	医药制造业	2011/3/31	249 935.82	CHINA HEALTH SYSTEM LTD.	KY
1633030022	株洲时代新材料科技股份有限公司	橡胶和塑料制品业	2011/2/28	2 082.75	DELKOR RAIL PTY LTD.	AU
1633045653	立讯精密工业股份有限公司	计算机、通信和其他电子设备制造业	2011/6/17	1 443.56	ICT-LANTO LTD.	HK

(续表)

跨境并购交易 ID	收购方名称	行业类别	交易完成日期	交易金额（千欧元）	目标方名称	目标方所在区域/国家代码
1909092426	软控股份有限公司	互联网和相关服务	2011/12/1	NA	DAVIAN ENTERPRISES LLC.	US
1601225567	大连橡胶塑料机械股份有限公司	专用设备制造业	2010/10/29	6 101.86	MACRO ENGINEERING & TECHNOLOGY INC.	CA
1603048887	中国有色金属建设股份有限公司	土木工程建筑业	2010/1/18	NA	HONG KONG YUQIDA S. A. LTD.	HK
1000002536	四川长虹电器股份有限公司	计算机、通信和其他电子设备制造业	2009/4/25	210 370.68	STEROPE INVESTMENTS BV	NL
1601057152	潍柴动力股份有限公司	汽车制造业	2009/1/23	2 990	MOTEURS BAUDOIN	FR
1601064585	美克国际家居用品股份有限公司	家具制造业	2009/1/5	NA	SCHNADIG CORPORATION'S NET OPERATING ASSETS	US
1603004856	三一重工股份有限公司	专用设备制造业	2009/12/31	201 293.18	SANY HEAVY MACHINERY INVESTMENT CO., LTD.	VG
1603007188	深圳市中金岭南有色金属股份有限公司	有色金属冶炼及压延加工业	2009/2/9	23 561.04	PERILYA LTD.	AU
1603009746	中国长城计算机深圳股份有限公司	计算机、通信和其他电子设备制造业	2009/6/29	1 103.09	CHINA GREATWALL COMPUTER (HONG KONG) HOLDING LTD.	HK

（续表）

跨境并购交易ID	收购方名称	行业类别	交易完成日期	交易金额（千欧元）	目标方名称	目标方所在区域/国家代码
1603025062	启迪桑德环境资源股份有限公司	化学原料及化学制品制造业	2009/6/23	1 271.7	XIANNING GANYUAN WATER INDUSTRY CO., LTD.	CO
1603030379	中国远洋控股股份有限公司	水上运输业	2009/7/20	11 190.94	COSCO PACIFIC LTD.	BM
592169	雅戈尔集团股份有限公司	纺织服装、服饰业	2008/1/8	82 316.3	SMART SHIRTS LTD'S BUSINESS	HK
1600004244	华能国际电力股份有限公司	电力、热力生产和供应业	2008/6/30	1 021 839.22	SINOSING POWER PTE LTD.	SG
453131	中国国际航空股份有限公司	航空运输业	2007/1/25	318 027.45	CHINA NATIONAL AVIATION CO., LTD.	HK
490326	青岛海尔股份有限公司	电气机械及器材制造业	2007/1/25	1 583.89	HAIER SANYO ELECTRIC CO., LTD.	JP
556217	上海汽车集团股份有限公司	汽车制造业	2007/7/12	NA	RICARDO 2010	GB
570717	通化葡萄酒股份有限公司	食品制造业	2007/8/29	4 845.68	VITIBEV FARMS LTD.	CA
574760	湖南山河智能装备股份有限公司	专用设备制造业	2007/9/13	2 188	HPM EUROPE SPA	IT
597890	福耀玻璃工业集团股份有限公司	非金属矿物制品业	2007/11/27	NA	FÜMO TEC GMBH	DE

(续表)

跨境并购交易 ID	收购方名称	行业类别	交易完成日期	交易金额（千欧元）	目标方名称	目标方所在区域/国家代码
1633084592	北京京城机电股份有限公司	专用设备制造业	2007/4/30	7 276.7	JINGCHENG HOLDING (HK) CO., LTD.	HK
501730	上海汽车集团股份有限公司	汽车制造业	2006/12/5	2 049 906.74	VOLKSWAGEN TRANSMISSION (SHANGHAI) CO., LTD.	HK
336748	潍坊亚星化学股份有限公司	化学原料及化学制品制造业	2005/4/11	NA	BAYER AG'S POROFOR BLOWING AGENTS FACTORY IN LEVERKUSEN, GERMANY	DE
364576	宝山钢铁股份有限公司	黑色金属冶炼及压延加工业	2005/7/19	NA	COURT GROUP'S SUBSIDIARY	CA
1633049791	同方股份有限公司	互联网和相关服务	2005/6/26	826.9	TECHNOVATOR INTERNATIONAL PTE LTD.	SG
178607	沈阳合金投资股份有限公司	综合	2004/6/2	65 352	MURRAY INC.	US
239785	中基健康产业股份有限公司	农业	2004/4/13	7 000	CONSERVES DE PROVENCE LE CABANON SAS	FR
255977	中化国际(控股)股份有限公司	化学原料及化学制品制造业	2004/5/16	NA	FULING CHEMICAL INDUSTRIAL CO., LTD.	US
105311	中化国际(控股)股份有限公司	化学原料及化学制品制造业	2003/2/21	97 083	ATLANTIS HOLDING NORWAY AS	NO

(续表)

跨境并购交易ID	收购方名称	行业类别	交易完成日期	交易金额（千欧元）	目标方名称	目标方所在地区/国家代码
145577	京东方科技集团股份有限公司	计算机、通信和其他电子设备制造业	2003/1/23	354 160	HYNIX SEMICONDUCTOR INC. 'S TFT LCD. BUSINESS	KR
221221	上海市第一食品股份有限公司	零售业	2003/10/15	895.65	CHATEA CO., LTD.	TW
303931	北京兆维科技股份有限公司	计算机、通信和其他电子设备制造业	2003/9/10	1 379.61	BEIJING PCP CO., LTD.	HK

资料来源：作者使用BVD-Zephyr数据库、BVD-OSIRIS数据库、国泰安CSMAR数据库并自行整理。

附录B 中国企业海外并购项目的投资动因划分及典型条目

企业海外投资动因分类	子类别	相关概念	典型条目	信息来源	收购方名称	目标方名称
战略资产寻求导向	研发技术 品牌形象 生产经验 市场渠道	研发 生产经验 品牌形象 技术 销售渠道 协同效应	收购资产的目的（见公告第五部分）瓦顿公司在高铁车轮生产和研发上拥有丰富的经验和卓越的品牌形象，并且在海外拥有广泛而成熟的销售渠道，与本公司拥有良好的协同效应。收购瓦顿公司可以使本公司较快获得高铁车轮技术，拓展国际化销售渠道，提升自身品牌形象，因此对于本公司具有十分重要的战略意义	马鞍山钢铁股份有限公司关于收购法国SAS VALDUNES资产的公告（公告编号：临2014—017）	马鞍山钢铁股份有限公司	VALDUNES SAS' ASSETS

(续表)

企业海外投资动因分类	子类别	相关概念	典型条目	信息来源	收购方名称	目标方名称
战略资产寻求导向	管理经验技术战略互补	先进技术管理经验技术升级客户资源优势双方市场开拓竞争力	通过本次对BWT公司的收购,天翔环境将可以引进吸收BWT公司在水处理领域的先进技术和国际领先的管理经验,实现公司在水处理领域的全面技术升级和跨越,实现双方在产品技术、客户资源、运营管理、财务等多领域的整合双方在生产、运营管理、销售上的优质资源,发挥双方的优势互补效应,全方位参与国际、国内环保市场开拓,使公司成为全球领先的环保设备、系统解决方案及环境冶理服务提供商,从而增强公司的核心竞争力,促成天翔环境的第二次飞跃	董事会关于发行股份购买资产履行法定程序的完备性、合规性及提交法律文件有效性的说明(2016.02.06公告)	成都天翔环境股份有限公司	BILFINGER WATER TECHNOLOGIES GMBH
战略资产寻求导向	技术产品互补战略互补经验	有形资产制造产能行业地位互补性资产管理经验协同效应	收购的战略价值和协同效应(见公告第六部分:(1)实现产品全球平衡产能力;收购BC公司后,万华可以在欧洲立即获得制造装置,制造能力的提升将快速提升万华在全球氰酸酯产业前三位,万华产能即刻进入异氰酸酯产业前三位,快速提升行业话语权,提升万华行业地位。(3)通过协同效应,提升万华的可持续运营能力。(4)提前实现产品互补;BC公司的TDI装置的运营,可以提前给万华积累经验,实现产品和地域互补	烟台万华聚氨酯股份有限公司关于控股股东万华实业集团有限公司收购Borsod Chem公司96%股权的公告(公告编号:临2011-01号)	烟台万华聚氨酯化学股份有限公司	BORSODCHEM ZRT

137

(续表)

企业海外投资动因分类	子类别	相关概念	典型条目	信息来源	收购方名称	目标方名称
战略资产寻求导向	品牌	有形资产 无形资产 品牌	2009年1月6日，美克公司正式宣布，与美国Schnadig公司签订了《收购协议》，收购后者的净营运资产，包括有形资产和无形资产及相应的债务。像大多数缺乏自有品牌的中国企业一样，在20世纪90年代中，美克是一家专为外国家具巨头做贴牌生产的中国公司。经过数年的打拼，这家发迹于新疆的民营企业，已在家具出口中做得有声有色，对美国的家具出口量占全亚洲同类产品的85%。多年的OEM身份，让美克一直渴望能在海外市场上拥有自己的品牌。此番正式收购已有56年历史的Schnadig公司，无疑让美克如愿以偿。"这是公司长期发展战略的具体实施，也是金融危机给公司带来的难得的收购机遇。"美克股份总经理陈江说	证券时报（2009.01.06）	美克国际家居用品股份有限公司	SCHNADIG CORPORATION'S NET OPERATING ASSETS
战略资产寻求导向	技术 管理经验 战略互补	技术 管理经验 理念优化商业模式 战略布局 业务拓展	收购莱茵医院的战略意义（见公告第三部分）：德国的医疗技术及医疗理念在全球处于领先地位，收购莱茵医院是公司在康复医疗领域的又一战略性布局，公司将积极利用莱茵医院的品牌影响力，先进的康复医疗技术，优化国内康复医疗模式，实现康复医疗服务标准化，治疗方案规范化，疗效反馈数据化。莱茵医院将为公司"大华邦医疗联盟"战略提供支持，康复医疗业将会成为公司新的利润增长	关于收购境外医疗资产的公告（公告编号：2015-085）	华邦生命健康股份有限公司	RHEITAL-KLINIK BETEILIGUNGS GMBH

(续表)

企业海外投资动因分类	子类别	相关概念	典型条目	信息来源	收购方名称	目标方名称
			点。公司将积极吸取康茂苗医院的运营管理经验，将德国的康复医疗技术吸收并引进到国内。境外医疗资产的收购是公司大力拓展互联网医疗、康复医疗、医学美容等业务的重要体现，有利于公司尽快完成"大健康"产业的布局			
战略资产寻求导向	技术专利	技术水平产品解决方案多项专利应用市场	本次交易的目的及对公司的影响：(1) FCI 拥有 WLCSP 和 Flip Chip 以及 Wafer Bumping 等先进封装技术，能够提供嵌入式芯片封装和 3D 系统级封装解决方案；(2) 目前在先进封装技术方面拥有多项专利；(3) FCI 拥有众多海外多元化的应用市场；本次股权收购有利于公司进一步提高在晶圆级集成电路封装及 FC 集成电路封装领域的技术水平，提高公司在国际市场的竞争能力	关于收购 FlipChip International LLC 公司及其子公司 100% 股权的公告 (公告编号：2014-068)	天水华天科技股份有限公司	FLIPCHIP INTERNATI ONAL LLC.
战略资产寻求	技术研发人才团队品牌形象文化交流	市场渠道客户群管理能力研发团队技术交流经营运作能力品牌商标企业文化融合	收购的目的和对公司竞争力、提高公司竞争力。通过本次交易，佩特来集团海外业务将成为公司业务的一个重要组成部分。有利于公司海外子公司海外市场渠道的拓展，并对整合佩特来集团国内与国外业务具有重要意义；有利于加快公司国际化进程。有效利用全球资源并使之得到合理高效配置，进一步提高公司核心竞争力。通过对佩特来集团的并	关于收购 Prestolite Electric LLC100% 股权暨注资的公告 (公告编号：2014-080)	中山大洋电机股份有限公司	PRESTOLITE ELECTRIC LLC.

(续表)

企业海外投资动因分类	子类别	相关概念	典型条目	信息来源	收购方名称	目标方名称
			购整合,公司将有更多的机会与上述优质客户进行交流合作,进一步拓展公司产品客户群,提高公司产品市场占有率,力争使公司发展成为全球最优秀及最具竞争力的驱动系统供应商之一。(2)接轨国际管理,扩充人才储备。收购佩特来有利于公司吸收佩特来现有的专业技术研发团队,同时拥有一批具有国际视野及国际化经营理念和管理能力的骨干及技术人才,有利于促进公司内部人才及技术交流,为公司实现技术创新,产品创新提供良好的技术条件。(3)品牌效应。通过本次交易,公司将全面获得"佩特来"百年品牌商标的永久免费使用权,有助于提升公司知名度,提高公司产品附加价值,为公司车辆旋转电器产品的市场拓展提供更为有利的条件;同时有利于公司目有品牌"大洋电机"的进一步提升塑造,丰富品牌形象。(4)优秀汽车企业文化的融合。佩特来集团历史悠久,且作为全球三大车用重型电气供应商之一,汽车行业文化已深深地融入到它的方方面面,通过本次收购,公司进一步加深了对汽车行业的了解,与佩特来文化的传播与融合,使得公司在新能源车辆动力总成系统行业及车辆转电器行业道路上走得更稳、更远。			

140

(续表)

企业海外投资动因分类	子类别	相关概念	典型条目	信息来源	收购方名称	目标方名称
战略资产寻求导向	技术	研发能力 技术团队 设计经验	上海汽车英国控股公司收购 Ricardo 2010 的全部股份,成立上海汽车英国技术中心。上汽英国技术中心的职能是产品研发,目标是在"一体化运作"理念指导下,通过使用世界级的汽车研发工作能力,成为上海汽车技术团队中最有价值的一部分。上汽英国技术中心团队目前有大约 270 名工程师。上海汽车英国技术中心的核心是来自原 MG 罗孚集团的汽车设计总成公司的工程师,他们具备造型设计,整车集成经验。英国技术中心具备丰富的汽车设计、车身,底盘,电器,内饰,发动机,动力总成集成,动力总成电装,碰撞与安全,试制试验等开发一辆全新汽车和动力总成系统所需要的全部工程能力	企业官网(2007.07.12)	上海汽车集团股份有限公司	RICARDO 2010
海外市场开拓导向	客户资源 市场拓展	客户资源 开拓国际市场业务 盈利增长点	本次项目投资目的(见公告第五部分):立讯精密收购 ICT-LANTO LIMITED 100%的股权后,公司将直接拥有其全部公司的国际客户资源,从而大大拓展了公司的国际业务市场,为公司未来的业绩高速成长提供坚实的市场基础。同时,ICT-LANTO LIMITED 的经营业绩将完全并入立讯精密的合并报表,从而增加公司的盈利水平。	关于收购香港 ICT-LANTO LIMITED 的公告(公告编号:2011-017)	立讯精密工业股份有限公司	ICT-LANTO LTD.

(续表)

企业海外投资动因分类	子类别	相关概念	典型条目	信息来源	收购方名称	目标方名称
海外市场开拓导向	市场 客户群 产品链	完善产品链 细分市场 客户群 开拓市场 完善供应链 成本协同	公司表示,通过并购KWI,公司可以获得KWI的现有水处理设备竞争优势,在这一细分市场立即取得完善的产品链。其次,KWI多年的成功案例和广大的客户群将能为公司日后进军欧洲、美国以及南美和东南亚市场奠定坚实基础。另外,KWI可以利用公司在中国完善的采购供应链,实现成本上的协同效应,让KWI的产品又工程项目有更大的价格优势,提高竞标中的胜出率。进一步提高KWI现有项目的利润率,进一步提高KWI现有项目有更大的价格优势,提高竞标中的胜出率。	证券时报网(2015.11.06)	上海巴安水务股份有限公司	KWI CORPORATE VERWALTUNGS GMBH
海外市场开拓导向	市场 渠道	市场份额 销售网络 渠道建设	本次收购的目的(见公告第五部分): (1)目前下游市场需求低迷,可以有效发挥公司现有产能,积极拓展相关市场,抢占市场份额,提升盈利能力。(2)国际化战略需要。公司是全球知名铜加工企业,产品市场国际化、生产基地国际化是企业发展的主要战略目标。随着公司并购工作的深入推进、生产基地国际化基本实现,但产品市场国际化进程、特别是全球营销网络建设尚无法跟上企业发展的步伐,因此公司拟通过并购方式加快境外营销网络的建设,进一步抢占高端产品国际市场,有效推进公司国际化战略。	关于收购JMF Company 100%股权的公告(2016.01.08)	浙江海亮股份有限公司	JMF COMPANY

(续表)

企业海外投资动因分类	子类别	相关概念	典型条目	信息来源	收购方名称	目标方名称
海外市场开拓导向	市场	拓展海外业务	本次投资的目的：本次投资收购英国 Brilliant Harvest Limited 公司 100%股权主要为投资开发英国 West Sussex, Chichester 地区 10.23MW 太阳能电站项目，拓展公司在欧洲市场的太阳能电站业务，为公司开辟新的利润增长点	关于控股公司收购资产及对外投资公告（公告编号：临 2014-021）	海润光伏科技股份有限公司	BRILLIANT HARVEST LTD.
海外市场开拓导向	市场 产品线(链)	拓展市场空间 丰富产品线 延伸产业链	本次收购的目的：三花股份现有产品主要集中在空调、冰箱零部件领域，通过本次交易，三花股份将介入洗碗机、咖啡机零部件领域，有利于丰富公司的产品线，有利于拓展三花股份产品在家电系统和零部件领域的市场空间，提高公司的市场竞争力，从而提高三花的综合竞争优势。通过本次交易，公司将实现向家电领域的横向延伸，有利于实现公司在家电系统领域的战略发展的战略	关于收购亚威科电器设备有限公司相关资产的公告（公告编号：2012-050）	浙江三花股份有限公司	AWECO APPLIANCE SYSTEMS GMBH & CO. KG'S REFRIGER ATOR COMPON ENTS UNIT
海外市场开拓导向	开拓市场 客户资源 市场份额	合作关系 资源互补 产业布局 市场竞争力 拓开市场 拓展业务领域 客户资源 市场份额	本次投资的主要目的（见公告第四部分）：此次投资后，公司将与德海尔建立更为牢固的合作关系，借助双方的优势资源，促进公司智能医疗业务发展，进一步优化公司整体战略，加快推进在智能医疗市场的布局，为公司创造新的利润增长点，增强公司的市场竞争力。提升上市公司的盈利空间。公司相信通过投资德海尔公司可以帮助拓展公司打开智能医疗硬件市场及拓展公司智能硬件产品领域。同时，此次通过公司在国内移动市场海量的用户资源，通过投资可以有效拓展德海尔在国内市场的份额。	关于认购 Dehaier Medical Systems Limited 新增发普通股份的公告（公告编号：2016-070）	杭州联络互动信息科技股份有限公司	DEHAIER MEDICAL SYSTEMS LTD.

(续表)

企业海外投资动因分类	子类别	相关概念	典型条目	信息来源	收购方名称	目标方名称
海外市场开拓导向	市场 客户 产品线延伸	市场开拓 市场渗透 客户资源 市场份额产品线 协同效应	本次交易对公司的影响(见公告第四部分): (1)有利于公司拓展海外市场,加快全球化成略布局。近年来,海外市场的拓展一直是公司业务发展战略布局的重点,北美市场是公司海外市场的重中之重。PLANAR 公司的产品及解决方案在国际市场尤其是北美市场拥有较高的声誉,海外市场占有率。公司并购 PLANAR 公司,将有利于公司迅速拓展北美等国际市场,加快实现海外和国内业绩均衡发展的战略目标。 (2)有利于加速 LED 小间距电视海外市场的渗透,全面迎接 LED 小间距电视的爆发期。 (3)有利于发挥协同效应,提高公司的盈利能力。PLANAR 公司在全球显示和监控调度领域拥有稳定的市场,具有良好的客户资源,公司的小间距电视产品将成为 PLANAR 公司解决方案中的组成部分,为其提供供应稳定、成本低、技术领先的产品。本次收购完成后,能较好地实现双方在技术、资源、客户、区域等方面的优势互补,发挥协同效应,扩大市场份额,经营业绩具有良好的可预见性,进而推高上市公司业绩,给股东带来更好的回报。本次收购完成后,公司将与 PLANAR 公司协调,对境外资源和业务重新规划布局,实现双方协同效应,力争实现公司境内外业务营收与利润同高速均衡发展的战略目标。	利亚德光电股份有限公司关于收购 PLANAR SYSTEMS, INC. 100%股权的公告(公告编号:2015-074)	利亚德光电股份有限公司	PLANAR SYSTEMS INC.

(续表)

子类别	相关概念	典型条目	信息来源	收购方名称	目标方名称
企业海外投资动因分类		（4）外延收购是公司实现快速发展的战略选择为加快实现"成为全球试听王国的领创者"的战略发展目标，公司上市以来一直采取内生发展与外延收购的双通道增长措施。无论是传统的LED显示屏产品，还是逐步成为主要业务支撑的LED小间距电视产品，公司自主研发的LED显示产品在国际市场均享有盛名，是公司内生发展的动力。公司将运用多次收购及整合的经验，继续通过外延并购的方式加速企业发展，实现成为全球化集团企业目标。			

参 考 文 献

[1] 陈仕华,卢昌崇.企业间高管联结与并购溢价决策——基于组织间模仿理论的实证研究[J].管理世界,2013(05):144-156.

[2] 陈守明,简涛.企业家人口背景特征与"走出去"进入模式选择——基于中国制造业上市公司的实证研究[J].管理评论,2010,22(10):12-21.

[3] 邓秀嫒,傅超,傅代国.企业社会责任对海外并购影响的实证研究[J].中国软科学,2018(01):110-126.

[4] 杜运周,贾良定.组态视角与定性比较分析(QCA):管理学研究的一条新道路[J].管理世界,2017(06):155-167.

[5] 方英,马芮.中国与"一带一路"沿线国家文化贸易潜力及影响因素:基于随机前沿引力模型的实证研究[J].世界经济研究,2018(01):112-121.

[6] 顾露露,ROBERT R.中国企业海外并购失败了吗?[J].经济研究,2011(07):116-129.

[7] 郝瑾,王凤彬,王璁.海外子公司角色分类及其与管控方式的匹配效应——一项双层多案例定性比较分析[J].管理世界,2017(10):150-171.

[8] 何任.并购对收购公司长期股东价值影响的实证研究[D].哈尔滨:哈尔滨工业大学,2014.

[9] 洪联英,陈思,韩峰.海外并购、组织控制与投资方式选择——基于中国的经验证据[J].管理世界,2015(10):40-53.

[10] 黄群慧,贺俊.中国制造业的核心能力、功能定位与发展战略——兼评《中国制造2025》[J].中国工业经济,2015(06):5-17.

[11] 黄荣贵,郑雯,桂勇.多渠道强干预、框架与抗争结果——对40个拆迁抗争案例的模糊集定性比较分析[J].社会学研究,2015(05):90-114.

[12] 黄新飞,舒元,徐裕敏.制度距离与跨国收入差距[J].经济研究,2013(09):4-16.

[13] 姜付秀,黄磊,张敏.产品市场竞争、公司治理与代理成本[J].世界经济,2009(10):46-59.

[14] 蒋冠宏.中国企业对"一带一路"沿线国家市场的进入策略[J].中国工业经济,2017(09):119-136.

[15] 金碚,李钢.中国企业盈利能力与竞争力[J].中国工业经济,2007(11):5-14.

[16] 李青原,田晨阳,唐建新,等.公司横向并购动机:效率理论还是市场势力理论——来自

汇源果汁与可口可乐的案例研究[J]. 会计研究,2011(05):58-64.

[17] 李善民,李昶. 跨国并购还是绿地投资?——FDI进入模式选择的影响因素研究[J]. 经济研究,2013(12):134-147.

[18] 李雪灵,万妮娜. 跨国企业的合法性门槛:制度距离的视角[J]. 管理世界,2016(05):184-185.

[19] 梁中华,余淼杰. 人民币升值与中国出口企业盈利能力——基于面板数据的实证分析[J]. 金融研究,2014(07):1-15.

[20] 林季红,张璐. 中国企业海外并购的股权策略选择[J]. 财贸经济,2013(09):76-84.

[21] 林玲,刘尧. 制度质量、行业契约密集度与出口贸易——基于中国对"一带一路"国家的出口研究[J]. 国际贸易问题,2018(07):121-133.

[22] 林润辉,宋泾溧,李康宏,等. 多元化战略下制度距离与股权进入模式选择的关系研究[J]. 预测,2015,34(04):1-7.

[23] 刘敏,刘金山,李雨培. 母国投资动机、东道国制度与企业对外直接投资区位选择[J]. 经济问题探索,2016(08):100-112.

[24] 刘兴亚,李湘宁,缪仕国,等. 资产专用性、文化差异与外资进入模式选择——基于交易成本框架的分析[J]. 金融研究,2009(03):72-83.

[25] 吕萍,郭晨曦. 治理结构如何影响海外市场进入模式决策——基于中国上市公司对欧盟主要发达国家对外直接投资的数据[J]. 财经研究,2015,41(03):88-99.

[26] 马金城. 中国企业海外并购中的对价支付策略研究[J]. 宏观经济研究,2012(10):63-69.

[27] 潘越,潘健平,戴亦一. 公司诉讼风险、司法地方保护主义与企业创新[J]. 经济研究,2015(03):131-145.

[28] 綦建红,杨丽. 文化距离与我国企业OFDI的进入模式选择——基于大型企业的微观数据检验[J]. 世界经济研究,2014(06):55-61.

[29] 全诗凡,罗宏翔,姜建刚. 经济风险、制度结构与海外并购股权选择[J]. 经济问题探索,2016,32(07):62-71.

[30] 邵新建,巫和懋,肖立晟,等. 中国企业跨国并购的战略目标与经营绩效[J]. 世界经济,2012(05):81-105.

[31] 苏敬勤,刘静. 中国企业并购潮动机研究——基于西方理论与中国企业的对比[J]. 南开管理评论,2013,16(02):57-63.

[32] 孙朋军,于鹏. 文化距离对中国企业落实"一带一路"投资战略的影响[J]. 中国流通经济,2016,30(02):83-90.

[33] 田高良,韩洁,李留闯. 连锁董事与并购绩效——来自中国A股上市公司的经验证据[J]. 南开管理评论,2013,16(06):112-122.

[34] 王凤彬,杨阳. 跨国企业对外直接投资行为的分化与整合——基于上市公司市场价值的

实证研究[J].管理世界,2013(03):148-171.

[35] 王海.中国企业海外并购经济后果研究——基于联想并购 IBMPC 业务的案例分析[J].管理世界,2007(02):94-106.

[36] 王立新,胡挺,胡素芬.我国企业联合海外并购的动因及其经济效应——中国铁建和铜陵有色联合收购厄瓜多尔铜矿案例分析[J].华东经济管理,2011,25(07):135-141.

[37] 王水嫩,胡珊珊,钱小军.战略性企业社会责任研究前沿探析与未来展望[J].外国经济与管理.2011,33(11):57-64.

[38] 魏谷,孙启新.组织资源、战略先动性与中小企业绩效关系研究——基于资源基础观的视角[J].中国软科学,2014(09):117-126.

[39] 吴亮,吕鸿江.资源禀赋、制度环境与中国企业海外进入模式选择[J].国际经贸探索,2016,32(03):75-88.

[40] 吴先明,苏志文.将跨国并购作为技术追赶的杠杆:动态能力视角[J].管理世界,2014(04):146-164.

[41] 武立东,杨军节.制度距离、双边外交关系和对外直接投资——基于中国宏观数据的实证分析[J].预测,2016,35(03):26-31.

[42] 徐虹,林钟高,芮晨.产品市场竞争、资产专用性与上市公司横向并购[J].南开管理评论,2015,18(03):48-59.

[43] 薛求知,韩冰洁.东道国腐败对跨国公司进入模式的影响研究[J].经济研究,2008(04):88-98.

[44] 谢洪明,邵乐乐,李哲麟.中国企业跨国并购创新绩效影响因素及模式——基于清晰集的定性比较分析[J].科技进步与对策,2018,35(05):81-87.

[45] 阎大颖.制度距离、国际经验与中国企业海外并购的成败问题研究[J].南开经济研究,2011(05):75-97.

[46] 杨勇,梁辰,胡渊.文化距离对中国对外直接投资企业经营绩效影响研究——基于制造业上市公司微观数据的实证分析[J].国际贸易问题,2018(6):27-40.

[47] 余鹏翼,王满四.国内上市公司跨国并购绩效影响因素的实证研究[J].会计研究,2014(03):64-70.

[48] 张建红,卫新江,海柯·艾伯斯.决定中国企业海外收购成败的因素分析[J].管理世界,2010(03):97-107.

[49] 张艾莲,封军丽,刘柏.文化和制度距离、跨国并购与"一带一路"投资[J].云南财经大学学报,2018(06):38-47.

[50] 张西征,刘志远,王静.企业规模与R&D投入关系研究——基于企业盈利能力的分析[J].科学学研究,2012,30(02):265-274.

[51] 张先锋,杨新艳,陈亚.制度距离与出口学习效应[J].世界经济研究,2016(11):124-134.

[52] 赵毅,咸安邦,乔朋华.强权CEO能更好地利用风险投资进行创新吗?[J].科学学与科学技术管理,2016,37(09):155-168.

[53] 赵毅,乔朋华.企业海外收购动因会影响股权选择吗?——兼谈企业盈利能力的调节效应[J].外国经济与管理,2018,40(02):51-67.

[54] 周经,张利敏.制度距离、强效制度环境与中国跨国企业对外投资模式选择[J].国际贸易问题,2014(11):99-108.

[55] 周绍妮,文海涛.基于产业演进、并购动机的并购绩效评价体系研究[J].会计研究,2013(10):75-82.

[56] 朱乃平,朱丽,孔玉生,等.技术创新投入、社会责任承担对财务绩效的协同影响研究[J].会计研究,2014(02):57-63.

[57] Ahammad M F, Tarba S Y, Frynas J G, et al. Integration of Non-market and Market Activities in Cross-border Mergers and Acquisitions[J]. British Journal of Management, 2017, 28(4):629-648.

[58] Amighini A A, Rabellotti R, Sanfilippo M. Do Chinese State-owned and Private Enterprises Differ in Their Internationalization Strategies?[J]. China Economic Review, 2013, 27(2):312-325.

[59] Anand J, Delios A. Absolute and Relative Resources as Determinants of International Acquisitions[J]. Strategic Management Journal, 2002, 23(2):119-134.

[60] Anand J, Singh H. Asset Redeployment, Acquisitions and Corporate Strategy in Declining Industries[J]. Strategic Management Journal, 1997, 18(2):99-118.

[61] Anderson E, Gatignon H. Modes of Foreign Entry: A Transaction Cost Analysis and Propositions[J]. Journal of International Business Studies, 1986, 17(3):1-26.

[62] Andrade G, Mitchell M, Stafford E. New Evidence and Perspectives on Mergers[J]. Journal of Economic Perspectives, 2001, 15(2):103-120.

[63] Arslan A, Tarba S Y, Larimo J. FDI Entry Strategies and the Impacts of Economic Freedom Distance: Evidence from Nordic FDIs in Transitional Periphery of CIS and SEE[J]. International Business Review, 2015, 24(6):997-1008.

[64] Barney J B. Is the Resource-Based 'View' a Useful Perspective for Strategic Management Research?[J]. Academy of Management Review, 2001, 26(1):41-56.

[65] Barney J B, Ketchen D J, Wright M. The Future of Resource-Based Theory: Revitalization or Decline[J]. Journal of Management, 2011, 37(5):1299-1312.

[66] Barney J. Firm Resources and Sustained Competitive Advantage[J]. Journal of Management, 1991, 17(1):99-120.

[67] Benito G R G. Why and How Motives (Still) Matter[J]. Multinational Business

Review, 2015,23(1):15-24.

[68] Boateng A, Qian W, Tianle Y. Cross-border M&As by Chinese firms: An Analysis of Strategic Motives and Performance[J]. Thunderbird International Business Review, 2008,50(4):259-270.

[69] Bollaert H, Delanghe M. Securities Data Company and Zephyr, Data Sources for M&A Research[J]. Journal of Corporate Finance, 2015,33(8):85-100.

[70] Brock D M. Multinational Acquisition Integration: the Role of National Culture in Creating Synergies[J]. International Business Review, 2005,14(3):269-288.

[71] Brouthers K D. Institutional, Cultural and Transaction Cost Influences on Entry Mode Choice and Performance[J]. Journal of International Business Studies, 2002,33(02):203-221.

[72] Brouthers K D. Institutional, Cultural and Transaction Cost Influences on Entry Mode Choice and Performance[J]. Journal of International Business Studies, 2013,44(1):1-13.

[73] Brouthers K D, Brouthers L E, Werner S. Resource-Based Advantages in an International Context[J]. Journal of Management, 2008,34(2):189-217.

[74] Brown J R, Fazzari S M, Petersen B C. Financing Innovation and Growth: Cash Flow, External Equity, and the 1990s R&D Boom[J]. Journal of Finance, 2009,64(1):151-185.

[75] Buckley P J, Clegg L J, Cross A R, et al. The Determinants of Chinese Outward Foreign Direct Investment[J]. Journal of International Business Studies, 2007,38(4):499-518.

[76] Buckley P J, Munjal S, Enderwick P, et al. Cross-border Acquisitions by Indian Multinationals: Asset Exploitation or Asset Augmentation[J]. International Business Review, 2016,25(4):986-996.

[77] Burke L, Logsdon J M. How Corporate Social Responsibility Pays Off[J]. Long Range Planning, 1996, 29(4): 495-502.

[78] Campbell J T, Sirmon D G, Schijven M. Fuzzy Logic and the Market: A Configurational Approach to Investor Perceptions of Acquisition Announcements[J]. Academy of Management Journal, 2016, 59(1): 163-187.

[79] Casillas J C, Moreno-Menéndez A. Speed of the Internationalization Process: The Role of Diversity and Depth in Experiential Learning[J]. Journal of International Business Studies, 2014, 45(1): 85-101.

[80] Cebula R J, Mixon F G. The Roles of Economic Freedom and Regulatory Quality in

Creating a Favorable Environment for Investment in Energy R&D, Infrastructure, and Capacity[J]. American Journal of Economics and Sociology, 2014,73(2):299-324.

[81] Chakrabarti R, Gupta-Mukherjee S, Jayaraman N. Mars-Venus Marriages: Culture and Cross-Border M&A[J]. of International Business Studies 2009,40(2):216-236.

[82] Chan C M, Makino S. Legitimacy and Multi-level Institutional Environments: Implications for Foreign Subsidiary Ownership Structure[J]. Journal of International Business Studies, 2007,38(4):621-638.

[83] Chang Y, Kao M, Kuo A, et al. How Cultural Distance Influences Entry Mode Choice: The Contingent Role of Host Country's Governance Quality[J]. Journal of Business Research, 2012,65(8):1160-1170.

[84] Chari M D R, Chang K. Determinants of the Share of Equity Sought in Cross-border Acquistions[J]. Journal of International Business Studies, 2009,40(8):1277-1297.

[85] Chen S S. The Motives for International Acquisitions: Capability Procurements, Strategic Considerations, and the Role of Ownership Structures[J]. Journal of International Business Studies, 2008,39(3):454-471.

[86] Chung C C, Beamish P W. The Impact of Institutional Reforms on Characteristics and Survival of Foreign Subsidiaries in Emerging Economies[J]. Journal of Management Studies, 2005,42(1):35-62.

[87] Coase R H. The Nature of the Firm[J]. Economica, 1937,4(16):386-405.

[88] Coase R H. The Nature of the Firm: Influence[J]. Journal of Law, Economics & Organization, 1988,4(1):33-47.

[89] Connelly B L, Crook R, Combs J G, et al. Competence and Integrity-Based Trust in Interorganizational Relationships: Which Matters More?[J]. Journal of Management, 2018, 44(3): 919-945.

[90] Contractor F J, Lahiri S, Elango B, et al. Institutional, Cultural and Industry Related Determinants of Ownership Choices in Emerging Market FDI Acquisitions[J]. International Business Review, 2014,23(5):931-941.

[91] Cuervo-Cazurra A, Genc M. Transforming Disadvantages into Advantages: Developing-Country MNEs in the Least Developed Countries[J]. Journal of International Business Studies, 2008,39(6):957-979.

[92] Cuervo-Cazurra A, Narula R. A Set of Motives to Unite Them All? Revisiting the Principles and Typology of Internationalization Motives[J]. Multinational Business Review, 2015,23(1):2-14.

[93] Cui L, Jiang F. State Ownership Effect on Firms' FDI Ownership Decisions Under

Institutional Pressure: A Study of Chinese Outward-investing Firms[J]. Journal of International Business Studies, 2012,43(3):264-284.

[94] Cui L, Meyer K E, Hu H W. What Drives Firms' Intent to Seek Strategic Assets by Foreign Direct Investment? A Study of Emerging Economy Firms[J]. Journal of World Business, 2013,49(4).

[95] Dadzie S A, Owusu R A, Amoako K, et al. Do Strategic Motives Affect Ownership Mode of Foreign Direct Investments (FDIs) in Emerging African Markets? Evidence from Ghana[J]. Thunderbird International Business Review, 2016,58(1):1-16.

[96] Delios A, Beamish P W. Ownership Strategy of Japanese Firms: Transactional, Institutional, and Experience Influences[J]. Strategic Management Journal, 1999,20(10):915-933.

[97] Delios A, Henisz W J. Policy Uncertainty and the Sequence of Entry by Japanese Firms, 1980-1998[J]. Journal of International Business Studies, 2003, 34(3): 227-241.

[98] Demirbag M, Glaister K W, Tatoglu E. Institutional and Transaction Cost Influences on MNEs' Ownership Strategies of Their Affiliates: Evidence from An Emerging Market [J]. Journal of World Business, 2007,42(4):418-434.

[99] Devos E, Kadapakkam P, Krishnamurthy S. How Do Mergers Create Value? A Comparison of Taxes, Market Power, and Efficiency Improvements as Explanations for Synergies[J]. Review of Financial Studies, 2009,22(3):1179-1211.

[100] Driffield N, Love J H. Linking FDI Motivation and Host Economy Productivity Effects: Conceptual and Empirical Analysis [J]. Journal of International Business Studies, 2007,38(3):460-473.

[101] Driffield N, Mickiewicz T, Temouri Y. Institutions and Equity Structure of Foreign Affiliates[J]. Corporate Governance: An International Review, 2014,22(3):216-229.

[102] Driffield N, Mickiewicz T, Temouri Y. Ownership Control of Foreign Affiliates: A Property Rights Theory Perspective[J]. Journal of World Business, 2016, 51(8): 965-976.

[103] Dugger W M, Douglass C. North's New Institutionalism[J]. Journal of Economic Issues, 1995,29(2):453-458.

[104] Dunning J H. The Eclectic Paradigm of International Production: A Restatement and Some Possible Extensions[J]. Journal of International Business Studies, 1988,19(1): 1-31.

[105] Dunning J H. Location and the Multinational Enterprise: A Neglected Factor[J]. Journal of International Business Studies, 1998,29(1):45-66.

[106] Elango B, Lahiri S, Kundu S K. How Does Firm Experience and Institutional Distance Impact Ownership Choice in High-technology Acquisitions[J]. R&D Management, 2013,43(5):501-516.

[107] Elia S, Santangelo G D. The Evolution of Strategic Asset-seeking Acquisitions by Emerging Market Multinationals[J]. International Business Review, 2017(3):5-17.

[108] Erramilli M K, Rao C P. Service Firms' International Entry-Mode Choice: A Modified Transaction-Cost Analysis Approach[J]. Journal of Marketing, 1993,57(3):19-38.

[109] Fiss P C. Building Better Causal Theories : A Fuzzy Set Approach to Typologies in Organization Research[J]. Academy of Management Journal, 2011, 54(2): 393-420.

[110] Gaffney N, Karst R, Clampit J. Emerging Market MNE Cross-border Acquisition Equity Participation: The Role of Economic and Knowledge Distance[J]. International Business Review, 2016,25(1):267-275.

[111] Galan J I, González-Benito J, Zuñga-Vincente J A. Factors Determining the Location Decisions of Spanish MNEs: An Analysis Based on the Investment Development Path [J]. Journal of International Business Studies, 2007,38(6):975-997.

[112] Gibson C B, Vannjr B. The Bootstrapped Robustness Assessment for Qualitative Comparative Analysis[J]. Working Paper, 2016(08): 1-25.

[113] Giroud A, Mirza H. Refining of FDI Motivations by Integrating Global Value Chains' Considerations[J]. Multinational Business Review, 2015,23(1):67-76.

[114] Gomes-Casseres B. Firm Ownership Preferences and Host Government Restrictions: An Integrated Approach[J]. Journal of International Business Studies, 1990,21(1): 1-22.

[115] Guadalupe M, Kuzmina O, Thomas C. Innovation and Foreign Ownership[J]. American Economic Review, 2012,102(7):3594-3627.

[116] Gubbi S R. Dominate or Ally? Bargaining Power and Control in Cross-border Acquisitions by Indian Firms[J]. Long Range Planning, 2015,48(5):301-316.

[117] Guo W, Clougherty J A, Duso T. Why Are Chinese MNES Not Financially Competitive in Cross-border Acquisitions? The Role of State Ownership[J]. Long Range Planning, 2016,49(5):614-631.

[118] Gupta D, Gerchak Y. Quantifying Operational Synergies in a Merger & Acquisition [J]. Management Science, 2002,48(4):517-533.

[119] He Z, Wintoki M B. The Cost of Innovation: R&D and High Cash Holdings in U. S. Firms[J]. Journal of Corporate Finance, 2016,41:280-303.

[120] Hennart J, Slangen A H. Yes, We Really Do Need More Entry Mode Studies! A

Commentary on Shaver[J]. Journal of International Business Studies, 2015, 46(1): 114-122.

[121] Huang X, Chi R. Chinese Private Firms' Outward Foreign Direct Investment: Does Firm Ownership and Size Matter? [J]. Thunderbird International Business Review, 2014,56(5):393-406.

[122] Huang Y, Xie E, Li Y, et al. Does State Ownership Facilitate Outward FDI of Chinese SOEs? Institutional Development, Market Competition, and the Logic of Interdependence Between Governments and SOEs[J]. International Business Review, 2017,26(1):176-188.

[123] Husted B W, Allen D B. Strategic Corporate Social Responsibility and Value Creation: A Study of Multinational Enterprises in Mexico[J]. Management International Review, 2009, 49(6): 781-799.

[124] Ismail A. Does the Management's Forecast of Merger Synergies Explain the Premium Paid, the Method of Payment, and Merger Motives[J]. Financial Management, 2011, 40(4):879-910.

[125] Jain N K, Kundu S, Newburry W. Efficiency-Seeking Emerging Market Firms: Resources and Location Choices[J]. Thunderbird International Business Review, 2015, 57(1):33-50.

[126] Johanson J, Vahlne J. The Uppsala Internationalization Process Model Revisited: From Liability of Foreignness to Liability of Outsidership [J]. Journal of International Business Studies, 2009, 40(9): 1411-1431.

[127] Kim E H, Singal V. Mergers and Market Power: Evidence from the Airline Industry [J]. American Economic Review, 1993,83(3):549-569.

[128] Kuckertz A, Berger E S C, Mpeqa A. The More the Merrier? Economic Freedom and Entrepreneurial Activity[J]. Journal of Business Research, 2016,69(4):1288-1293.

[129] Lahiri S, Elango B, Kundu S K. Cross-border Acquisition in Services: Comparing Ownership Choice of Developed and Emerging Economy MNEs in India[J]. Journal of World Business, 2013,49(3):409-420.

[130] Lai J, Lina W, Chenb L. The Influence of CEO Overconfidence on Ownership Choice in Foreign Market Entry Decisions[J]. International Business Review, 2017,26(1):1-12.

[131] Larsson R, Finkelstein S. Integrating Strategic, Organizational, and Human Resource Perspectives on Mergers and Acquisitions: A Case Survey of Synergy Realization[J]. Organization Science, 1999,10(1):1-26.

[132] Li J, Li P, Wang B. Do Cross-border Acquisitions Create Value? Evidence from Overseas Acquisitions by Chinese Firms [J]. International Business Review, 2016,

25(2):471-483.

[133] Li J, Li Y. Flexibility Versus Commitment: MNEs' Ownership Strategy in China[J]. Journal of International Business Studies, 2010,41(9):1550-1571.

[134] Lin Y. Firm Heterogeneity and Location Choice of Chinese Firms in Latin America and the Caribbean: Corporate Ownership, Strategic Motives and Host Country Institutions [J]. China Economic Review, 2015,34(7):274-292.

[135] Lo F, Chiao Y, Yu C J. Network and Institutional Effects on SMEs' Entry Strategies [J]. Management International Review, 2016,56(4):531-563.

[136] Maekelburger B, Schwens C, Kabst R. Asset Specificity and Foreign Market Entry Mode Choice of Small and Medium-sized Enterprises: The Moderating Influence of Knowledge Safeguards and Institutional Safeguards [J]. Journal of International Business Studies, 2012,43(5):458-476.

[137] Makino S, Lau C, Yeh R. Asset-Exploitation versus Asset-Seeking: Implications for Location Choice of Foreign Direct Investment from Newly Industrialized Economies[J]. Journal of International Business Studies, 2002,33(3):403-421.

[138] Makino S, Neupert K E. National Culture, Transaction Costs, and the Choice between Joint Venture and Wholly Owned Subsidiary [J]. Journal of International Business Studies, 2000,31(4):705-713.

[139] Meyer J W, Rowan B. Institutionalized Organizations: Formal Structure as Myth and Ceremony[J]. American Journal of Sociology, 1977,83(2):340-363.

[140] Meyer K E. What is Strategic Asset Seeking FDI?[J]. Multinational Business Review, 2015,23(1):57-66.

[141] Meyer K E, Estrin S, Bhaumik S K, et al. Institutions, Resources, and Entry Strategies in Emerging Economies[J]. Strategic Management Journal, 2009,30(1):61-80.

[142] Meyer K E, Wright M, Pruthi S. Managing Knowledge in Foreign Entry Strategies: A Resource-based Analysis[J]. Strategic Management Journal, 2009,30(5):557-574.

[143] Moatti V, Ren C R, Anand J, et al. Disentangling the Performance Effects of Efficiency and Bargaining Power in Horizontal Growth Strategies: An Empirical Investigation in the Global Retail Industry[J]. Strategic Management Journal, 2015,36(5):745-757.

[144] Mohr A, Batsakis G. Internationalization Speed and Firm Performance: A Study of the Market-Seeking Expansion of Retail MNEs [J]. Management International Review, 2017,57(2):153-177.

[145] Nicholson R R, Salaber J. The Motives and Performance of Cross-border Acquirers from Emerging Economies: Comparison between Chinese and Indian firms[J]. International Business Review, 2013, 22(6):963-980.

[146] Norbäck P, Persson L. Globalization and Profitability of Cross-Border Mergers and Acquisitions[J]. Economic Theory, 2008, 35(2):241-266.

[147] Oliver C. Sustainable Competitive Advantage: Combining Institutional and Resource-Based Views[J]. Strategic Management Journal, 1997, 18(9):697-713.

[148] Ouimet P P. What Motivates Minority Acquisitions? The Trade-Offs between a Partial Equity Stake and Complete Integration[J]. Review of Financial Studies, 2013, 26(4): 1021-1047.

[149] Owen S, Yawson A. R&D Intensity, Cross-border Strategic Alliances, and Valuation Effects[J]. Journal of International Financial Markets, Institutions & Money, 2015, 25(3):1-17.

[150] Pan Y, Tse D K. The Hierarchical Model of Market Entry Modes[J]. Journal of International Business Studies, 2000, 31(4):535-554.

[151] Pananond P. Motives for Foreign Direct Investment: A View from Emerging Market Multinationals[J]. Multinational Business Review, 2015, 23(1):77-86.

[152] Peng M W, Sun S L, Pinkham B, et al. The Institution-Based View as a Third Leg for a Strategy Tripod[J]. Academy of Management Perspectives, 2009, 23(3):63-81.

[153] Peng M W, Wang D Y L, Jiang Y. An Institution-Based View of International Business Strategy: A Focus on Emerging Economies[J]. Journal of International Business Studies, 2008, 39(5):920-936.

[154] Peteraf M A. The Cornerstones of Competitive Advantage: A Resource-Based View [J]. Strategic Management Journal, 1993, 14(3):179-191.

[155] Pfeffer J, Salancik G R. The External Control of Organizations: A Resource Dependence Perspective[M]. Redwood City CA: Stanford University Press, 2003: 308.

[156] Phillips G M, Zhdanov A. R&D and the Incentives from Merger and Acquisition Activity[J]. Review of Financial Studies, 2013, 26(1):34-78.

[157] Phillips N, Tracey P. Institutional Theory and the MNC[J]. Academy of Management Review, 2009, 34(1):167-171.

[158] Powell K S, Rhee M. Experience in Different Institutional Environments and Foreign Subsidiary Ownership Structure[J]. Journal of Management, 2016, 42(6):1434-1461.

[159] Puck J F, Holtbrugge D, Mohr A T. Beyond Entry Mode Choice: Explaining the Conversion of Joint Ventures Into Wholly Owned Subsidiaries in the People's Republic

of China[J]. Journal of International Business Studies, 2009,40(3):388-404.

[160] Putzhammer M, Fainshmidt S, Puck J, et al. To Elevate or to Duplicate? Experiential Learning, Host-country Institutions, and MNE Post-entry Commitment Increase[J]. Journal of World Business, 2018, 53(4): 568-580.

[161] Ragin C. Using Qualitative Comparative Analysis to Study Causal Order: Comment on Caren and Panofsky[J]. Sociol Methods Research. 2008, 36(4): 431-441.

[162] Ragin C. Qualitative Comparative Analysis Using Fuzzy Sets (fsQCA). In: Rihoux B, Ragin CC (eds) Configuration Comparative Methods: Qualitative Comparative Analysis (QCA) and Related Techniques[M]. Ragin C, London:Sage, 2009: 87-121.

[163] Santangelo G D, Meyer K E. Extending the Internationalization Process Model: Increases and Decreases of MNE Commitment in Emerging Economies[J]. Journal of International Business Studies, 2011, 42(7): 894-909.

[164] Stahl G K, Voigt A. Do Cultural Differences Matter in Mergers and Acquisitions A Tentative Model and Examination[J]. Organization Science, 2008,19(1):160-176.

[165] Stiebale J. Cross-border M&As and Innovative Activity of Acquiring and Target Firms [J]. Journal of International Economics, 2016,99(08):1-15.

[166] Surdu I, Mellahi K, Glaister K W, et al. Why Wait? Organizational Learning, Institutional Quality and the Speed of Foreign Market Re-entry After Initial Entry and Exit[J]. Journal of World Business, 2018, 53(6): 911-929.

[167] Swoboda B, Olejnik E, Morschett D. Changes in Foreign Operation Modes: Stimuli for Increases versus Reductions[J]. International Business Review, 2011, 20(5): 578-590.

[168] Swoboda B, Elsner S, Olejnik E. How do Past Mode Choices Influence Subsequent Entry? A Study on the Boundary Conditions of Preferred Entry Modes of Retail Firms [J]. International Business Review, 2015, 24(9): 506-517.

[169] Teece D J, Pisano G, Shuen A. Dynamic Capabilities and Strategic Management[J]. Journal of World Business 1997,18(7):509-533.

[170] Thiem A, Dusa A. Qualitative Comparative Analysis with R[M]. Springer New York Heidelberg Dordrecht London: Springer, 2013(07): 109.

[171] Van Tulder R. Getting All Motives Right: A Holistic Approach to Internationalization Motives of Companies[J]. Multinational Business Review, 2015,23(1):36-56.

[172] Wadhwa K, Reddy S S. Foreign Direct Investment into Developing Asian Countries: The Role of Market Seeking, Resource Seeking and Efficiency Seeking Factors[J]. International Journal of Biometrics, 2011,6(11):219-227.

[173] Wang C, Hong J, Kafouros M, et al. What drives outward FDI of Chinese Firms

Testing the Explanatory Power of Three Theoretical Rrameworks[J]. International Business Review, 2012,21(3):425-438.

[174] Wang C, Xie F. Corporate Governance Transfer and Synergistic Gains from Mergers and Acquisitions[J]. Review of Financial Studies, 2009,22(2):829-858.

[175] Wang H, Schaan J. How Much Distance Do We Need Revisiting the National Cultural Distance Paradox[J]. Management International Review, 2008, 48(3): 263-277.

[176] Wernerfelt B. A Resource-Based View of the Firm[J]. Strategic Management Journal, 1984,5(2):171-180.

[177] Williamson O E. The Transaction Cost Economics Project: Origins, Evolution, Utilization[M]. Cheltenham: Edward Elgar Publishing, 2016:34-64.

[178] Xie Q. CEO Tenure and Ownership Mode Choice of Chinese Firms: The Moderating Roles of Managerial Discretion[J]. International Business Review, 2014, 23(5): 910-919.

[179] Xie Q. Firm Age, Marketization, and Entry Mode Choices of Emerging Economy Firms: Evidence from Listed Firms in China[J]. Journal of World Business, 2017,31 (2):2-14.

[180] Yiu D, Makino S. The Choice between Joint Venture and Wholly Owned Subsidiary: An Institutional Perspective[J]. Organization Science, 2002,13(6):667-683.

[181] Yu J, Lee S, Han K. FDI Motives, Market Governance, and Ownership Choice of MNEs: A Study of Malaysia and Thailand from an Incomplete Contracting Perspective [J]. Asia Pacific Journal of Management, 2015,32(2):335-362.

[182] Zhao H, Zhang F, Kwon J. Corporate Social Responsibility Research in International Business Journals: An Author Co-citation Analysis[J]. International Business Review, 2018, 27(2): 389-400.

[183] Zheng N, Wei Y, Zhang Y, et al. In Search of Strategic Assets through Cross-border Merger and Acquisitions: Evidence from Chinese Multinational Enterprises in Developed Economies[J]. International Business Review, 2016,25(1):177-186.

[184] Zyglidopoulos S, Williamson P, Symeou P. The Corporate Social Performance of Developing Country Multinationals[J]. Business Ethics Quarterly, 2016, 26(03): 379-406.

[185] 罗纳德·哈里·科斯. 企业、市场与法律[M]. 盛洪,陈郁,译. 上海:上海人民出版社,2009.